谢赞春 著

区域环境
经济综合核算研究

Study on Comprehensive Accounting of
Regional Environment and Economy

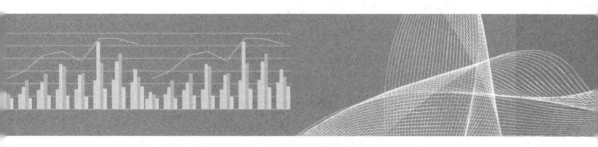

中国财经出版传媒集团

经济科学出版社
Economic Science Press

图书在版编目（CIP）数据

区域环境经济综合核算研究/谢赞春著．

—北京：经济科学出版社，2019.8

ISBN 978 - 7 - 5218 - 0783 - 7

Ⅰ．①区…　Ⅱ．①谢…　Ⅲ．①区域经济 - 环境

经济 - 经济核算 - 研究 - 中国　Ⅳ．①F127

中国版本图书馆 CIP 数据核字（2019）第 183287 号

责任编辑：王　娟　张立莉

责任校对：刘　昕

责任印制：邱　天

区域环境经济综合核算研究

谢赞春　著

经济科学出版社出版、发行　新华书店经销

社址：北京市海淀区阜成路甲 28 号　邮编：100142

总编部电话：010 - 88191217　发行部电话：010 - 88191522

网址：www. esp. com. cn

电子邮件：esp@ esp. com. cn

天猫网店：经济科学出版社旗舰店

网址：http：//jjkxcbs. tmall. com

北京季蜂印刷有限公司印装

710 × 1000　16 开　8.5 印张　200000 字

2019 年 8 月第 1 版　2019 年 8 月第 1 次印刷

ISBN 978 - 7 - 5218 - 0783 - 7　定价：52.00 元

前　言

随着生产、生活环境的日益恶化，极端性气候变化、淡水污染、海洋污染、森林覆盖面减少、沙漠化、酸雨、雾霾等问题层出不穷，环境问题开始成为我国国家治理领域的热点问题，环境的保护和改善越来越被各级政府所重视。国家治理的目标之一是保护生态环境、建设社会主义生态文明，作为政府组成部门的国家审计部门，具有与生俱来的独立监管和实施评价的职能，同时兼备权威性和强制性，因此在政府保护和管理生态环境中发挥积极作用，从而成为推进生态文明建设的重要手段之一。

自工业革命以来，随着世界经济的迅速发展，在人类财富加速增长的同时，人们赖以生存的自然环境不断退化，资源环境问题越来越严重，这不再是仅仅关乎未来，而且已经成为日益突出的现实问题。可持续发展思想已从一种理念转化为各国政府的决策基础和不同层面行为者行动的依据，以便从经济、社会和环境等不同维度出发确定发展的步调。环境经济综合核算体系是在国民经济核算的基础上，着重对环境与经济的关系进行系统的描述，其为可持续发展理念提供了系统的数据，建立了科学的核算体系。从 1993 年以来，联合国等国际组织先后发布的三部《环境经济综合核算体系》方案，正是根据各国政府、国际组织以及学术界在这一领域的研究成果，不断对环境经济综合核算体系加以完善的过程，逐步形成了有关的基本框架、原则、概念、方法，并进一步把这些理论方法用以支持和指导各国的研究与实践。但到目前为止，环境经济综合核算体系还没有成为一个能够为人们普遍认可的国际标准，在若干方面仍存在着种种尚未解决的问题。因此，本书拟在现有研究的基础上，主要致力于以下几个方面的研究。

第一，自然资源的估价问题。这是环境经济综合核算体系重点研究的问题，本书对各种自然资源估价方法进行对比分析，着重探讨了资源租金的三种可以选择的方法：拨付法、基于 PIM 的间接推算法和基于资本服务流量的间接推算法。从资源租金的讨论中引出"GDP 中是否包含资源租金"问题，从理论与实证两个方面论证了资源租金存在的方式，试图据此解开计算中的有关理论疑问。

第二，有关减灾防灾和自然灾害最小化方面的核算问题。本书对减轻自然灾害活动核算进行了研究。环境经济综合核算体系还未将减轻自然灾害活动纳入核算范围，但减轻自然灾害活动是环境活动的重要组成部分。本书对减轻自然灾害活动的性质与范围进行了界定，讨论了减轻自然灾害活动与环境保护活动的区别，将减轻自然灾害活动进行了划分，进而定义了减灾产业概念及构成，构建了减轻自然灾害投入产出核算和收支核算框架。

第三，可持续发展核算的基本概念和测度方法问题。本书在可持续发展理论的基础上，对可持续发展测度方法进行了研究。由于大多数学者对可持续发展测度方法的讨论仅限于计算过程比较分析，本书从可持续发展观的形成入手，着重论述了弱可持续发展和强可持续发展的概念，结合环境经济综合核算对原有宏观经济总量指标的调整，从强弱可持续性的角度对可持续发展测度方法进行研究。

目　　录

第1章

导　论

环境经济综合核算体系①是在传统国民经济核算的基础上形成的，将环境因素引入国民经济核算提供了系统的数据，全面刻画环境与经济之间的交互作用及其产生的后果，是核算领域里的一个具有里程碑意义的进步。本章首先对环境经济综合核算体系的产生做简单回顾，再按该体系三部代表性著作顺序对其理论框架进行系统阐述，论述了现有研究还有待完善的方面，以此作为本书研究内容的依据，最后对本书研究的意义、框架做了归纳，以作为本书的导论。

1.1　环境经济综合核算体系的背景和理论介绍

1.1.1　环境经济综合核算体系的产生

人类自诞生以来，就没有停止过向大自然索取自然资源。随着人口的增长、需求的增加和消费模式的改变，人类对大自然的无休止、不合理地索取产生了一系列问题：土壤的破坏和退化、气候变化和能源浪费、生物多样性减少、森林面积减少、淡水资源受到威胁、化学污染、混乱的城市扩展、海洋的过度开发和沿海地带的污染、空气污染、极地臭氧层的破坏等。全球性的资源短缺、环境污染和生态破坏不仅对世界各国的经济发展产生了不可忽视的消极影响，而且已经威胁到人类自身的生存安全。这些现状使我们不得不重新思考：人类与自然界的关系究竟是怎样的。

对污染损失和生态破坏损失研究是环境经济综合研究的前期工作，针对工业化所带来的环境严重污染和资源枯竭等问题，许多人开展了有关生态环境损失的研究。早在 1852 年，英国的史密斯发表了有关酸雨现象的报告；1951 年

---

① 我国学术界存在"综合环境经济核算体系"和"环境经济综合核算体系"两种翻译方法，本书认为后者更确切。

世界上发表了第一篇大气污染对绿色植物损害的研究论文。20 世纪 70 年代能源危机的出现迫使人们思考"地球上的能源和资源到底可以支撑多长时间"的问题，此时人们开始考虑把能源加入国民经济核算和经济分析中。列昂惕夫在 1970 年利用投入产出技术把环境污染内生于生产过程中的研究，为环境加入国民经济核算体系提供了一条新思路。20 世纪 70 年代中期，美国国家经济分析局尝试构建了减少和控制污染的国家账户框架，该框架给出了以卫星账户形式综合核算环境与经济的雏形。其后联合国环境规划署在 1982 年发布了建立环境账户的指导方针，这标志着环境经济综合核算在全世界范围内展开。在 1983~1986 年，联合国环境规划署和世界银行举行了多次会议来讨论环境和资源账户的设计问题。其间，法国、挪威和荷兰三国在资源和环境的实物账户的研制上进行了卓有成效的工作，并各自对本国重要的自然资源进行了研究。

1987 年可持续发展概念的明确提出，加快了环境与经济综合核算的研究步伐，联合国环境规划署和世界银行成立了名为"把环境与资源问题纳入发展战略之中"的课题组，开展有关"环境核算与国民经济核算"的研究。1989 年联合国统计署、联合国环境规划署、世界银行、经济合作与发展组织、欧洲经济委员会和国际货币基金组织共同主持了一项综合性国际合作研究项目，研究环境经济综合核算问题，并于 1992 年完成"环境卫星账户的国民经济核算框架"和"环境经济综合核算的国民经济核算框架"两份研究成果。直到 1993 年，随着国民经济核算体系修订版的发布，联合国推出了《环境经济综合核算体系（临时版本）》[①]，此时环境经济综合核算作为国民经济核算体系的附属账户以较为完整的框架出现，简称为 SEEA－1993。SEEA－1993 是环境经济综合核算领域的第一部代表性著作，该手册整合了此前数年中讨论和应用的不同概念和方法，把自然资源和环境核算领域不同学派的方法综合在一起，确定了环境经济综合核算的基础和相关的基本概念，给出了环境经济综合核算的基本框架和内容，并为下一步的实践和研究提供了空间。

SEEA－1993 发布后，对环境经济综合核算的研究并没有停止，世界各国尝试着将其付诸实践，到了 2000 年联合国经济社会事务部统计处对国际研究和实践进展予以总结，发布了《环境经济综合核算操作手册》[②]，其是环境经

---

① 综合环境和经济核算操作手册 [M]. 纽约：纽约出版社，1994.
② 联合国经济社会事务部统计署、联合国环境规划署编，高敏雪等译. 综合环境经济核算操作手册 [M]. 北京：国家统计局内部交流资料，2003.

济综合核算领域的第二部代表性著作，简称 SEEA - 2000。继 SEEA - 2000 后，2003 年联合国、欧洲委员会、国际货币基金组织、经济合作与发展组织以及世界银行共同合作，发布了环境经济综合核算体系的第三个版本《环境经济综合核算体系（最后草稿）》①，简称 SEEA - 2003，相比 SEEA - 1993 和 SEEA - 2000，SEEA - 2003 对环境经济核算体系的内容组成做了进一步的归纳和扩展，将环境经济核算的内容归纳为四组账户，扩大了国民经济核算作为环境经济核算基础的范围。

1.1.2　环境经济综合核算体系的理论框架

国民经济核算体系②（SNA）是由一套逻辑严密、协调一致而且完整的宏观经济账户、资产负债表和其他表式组成的有机而完整的体系，在世界各国的经济活动统计中起着核心作用。该体系是以市场原则设计的，其覆盖面仅为经济系统，虽然它对于衡量经济增长具有重大作用，但是在可持续发展思想指导下的今天来看，传统的国民经济核算存在着未考虑自然资源稀缺和未考虑环境质量下降的两大缺陷。这直接导致其核心经济指标（GDP 等）在一定程度上反映的是国民经济虚假增长，低估或者高估了人类的福利水平。这种情况可能误导经济政策和环境政策等的制定，也会间接导致人类损害了经济、社会赖以发展的资源基础和生态环境条件，使经济社会的持续和健康发展难以为继。

面对全球所出现的严重的资源枯竭和环境质量降级问题，人们对传统的国民经济核算体系不断提出质疑，此时，将环境核算纳入国民经济核算体系成为必然的选择。将环境核算纳入国民经济核算体系有三种方案可供选择：（1）建立与传统 SNA 相分离的实物型环境核算体系，两者相互独立，是两套完全不同的体系；（2）对传统的改变，将环境核算以价值型的形式完全纳入国民经济核算体系中，真正实现生态经济大系统的核算；（3）保持传统国民经济核算的核心体系，建立反映经济活动与环境影响之间关系的相对独立的核算账户体

---

① 联合国、欧洲委员会等国际组织编；丁言强、王艳等译. 环境经济综合核算 [M]. 北京：中国经济出版社，2005.

② 联合国等编，国家统计局国民经济核算司译. 国民经济核算体系 1993 [M]. 北京：中国统计出版社，1995.

系，作为国民经济核算核心账户体系的补充和附属。然而，第一种方案在现实中，环境统计工作者或多或少地正在应用，它难以与传统的国民经济核算体系相衔接；第二种方案是最理想的，但是现在还缺乏实施的客观条件。因此，相对而言，第三种方案就显得切实可行了。它既保持了目前应用比较成熟的传统国民经济核算体系的稳定性，又为进行经济分析时考虑环境因素的影响提供了可能。正如联合国在 1993 年所发布的《环境经济综合核算体系（临时版本）》中所言，该手册的直接目标是"为实施国民经济核算体系的一个附属体系，即综合的环境经济核算体系提供了一个概念基础，描述了自然环境与经济的相互关系"。

环境经济综合核算与一般的环境统计体系相比，建立的环境经济综合核算框架不仅是对自然环境本身的统计描述，而且是和经济领域广泛应用的经济核算体系密切联系在一起，是依托经济核算的环境与经济关系的统计。它一方面要整合原来环境统计的大量实物数据信息，将其归纳到反映环境经济关系的框架中；进而寻求对资源环境予以估价的方法，将有关环境的流量和存量进行货币化价值估算，使其和原有经济核算数据相衔接，实现环境经济关系的价值核算，大大提高了原有环境统计的描述和分析能力。以国民经济核算体系为基础，意味着环境经济综合核算体系在很大程度上包容了国民经济核算的内容和性质。所以它既不是环境的经济核算，也不是经济的环境核算，而是经济与环境之间相互关系的核算。因此，环境经济综合核算在概念上和估价上要有更大的自由度，需要突破国民经济核算所遵循的基本概念和核算方法，通过不同模块或积木式构件进行不同的探索，来适应环境经济关系的复杂性和现实应用的多目的性。

联合国等国际组织所发布的《环境经济综合核算体系》的三个版本虽然在发布的时间有前有后，但它们之间的关系绝非像 SNA 的三个版本那样基本上是后者取代前者，它们之间是各有侧重、相互补充，以达到逐步完善的目的。

SEEA－1993 认为，首先需要在以下方面的概念上予以突破：第一，扩展经济核算中的资产概念，使其尽可能全面地包括所有自然环境，并将所有与自然过程有关的资产（包括部分生产性资产）归纳为一个统一的自然资产类别，以对一国所拥有的资产尤其是自然资产进行全面统一的核算。第二，核算经济活动对自然资产的利用消耗，将其作为经济活动的环境投入纳入经济产出核算之中，以对传统经济总量（如国内生产总值）进行调整，更准确地度量经济发展的成就。第三，为了实现环境经济价值核算，要突破国民经济核算按照市场价格估算价值的方法，针对自然资产的非市场化特征，开发替代的估价方法。

从国民经济核算体系到环境经济综合核算框架的形成，对应不同内容，形成了不同的模块。SEEA - 1993 对此加以总结，把整个环境经济核算的过程归纳为五个阶段，各个阶段是递进延伸的，为环境与经济之相互作用提供越来越综合的核算，以适应不同的核算和分析需要。模块一，根据环境经济核算需要对国民经济核算内容的重组，目的是为环境经济核算内容的展开提供一个基础。模块二，试图在国民经济核算框架内，分解那些与环境有关的流量和存量。模块三，扩展国民经济核算的资产范围，试图在国民经济核算框架基础上具体描述经济与环境之间发生的实物流量。模块四，对有关环境的存量和流量进行货币价值核算。模块五，涉及对环境经济核算范围的进一步扩展，一方面考虑将住户生产活动纳入生产核算范围，另一方面探讨将环境所提供的服务作为生产活动加以核算的可能，还可以将各单位内部作为辅助生产活动的环保活动也作为独立的生产活动加以核算。

SEEA - 2000 在环境经济综合核算的基本框架和基本方法上没有根本性变化，其主要贡献在于为如何具体实施环境经济核算以及分析应用相关结果提供更加具有可操作性的指示。首先，SEEA - 2000 对环境经济综合核算实施方法提出了比较实用的建议和指导。各国实验表明，很难一下子编制出完整的环境经济核算表，SEEA - 2000 就此进行了总结，提出了指导性的建议。第一，把环境经济核算的内容拆分为五个部分和十个步骤，对每一部分提出核算方法和核算工作表；第二，选定具有较好核算基础的若干主题提出了具体核算建议，包括森林、地下资产、土壤退化、可再生水生资源和空气排放；第三，还结合所拆分的步骤和核算工作表给出了相应的计算机操作软件。其次，与 SEEA - 1993 相比，SEEA - 2000 加强了环境经济综合核算应用的总结和探讨。其不仅在第 1 章从应用入手引出环境经济综合核算，说明其重要性，还专门设置了"政策应用"一章，以经济政策应用、环境政策应用、对决策的意义等为标题，讨论环境经济综合核算的应用途径和应用领域。明确提出，在经济政策应用方面，可以使用 SEEA 总量指标更好地评估经济成就，可以改进经济政策，可以对政策效应进行评价；在环境政策应用方面，可以确定环境的优先性，可以追踪环境压力源，可以对环境政策设计提供支持，可以评估环境政策效应，并有益于国际化的环境管理。无论哪一领域的应用，都会对决策产生重要作用。

SEEA - 2003 对环境经济核算体系的内容组成做了进一步的归纳和扩展，将环境经济核算的内容归纳为四组账户，同时扩大了国民经济核算作为环境经济核算基础的范围，加强了对各部分具体核算方法的讨论。

第一组账户：经济与环境之间的实物型和混合型流量账户。首先，确认经济与环境之间以及经济体系内部发生的实物流量，包括自然资源、生态投入、经济产品、残余物四类实物流量，给出了各类流量的具体分类，勾画出经济和环境两个系统之间以及国内和国外两个区域之间的实物流量图；其次，以经济核算中的供应使用框架为基础，扩展为环境经济供应使用以及投入产出实物核算表，以实物为单位，系统描述经济与环境之间的实物流量关系；最后，以国民经济核算的价值型供应使用以及投入产出表为基础，将自然资源、生态投入和残余物实物流量纳入其中，形成环境经济间流量的混合核算表。通过这一组账户，可以最大限度地集合现有各种分散的、具有不同目的的环境数据，将其初步纳入 SNA 的既有框架中来；同时，可以将环境数据与原有的经济数据进行比较，考察经济对环境的依赖程度和环境对特定经济活动的敏感程度，反映关键性的可持续发展政策目标。

第二组账户：环境保护支出账户和与环境有关的其他交易核算账户。这一组账户是就现实发生的与环境保护和恢复有关的活动所构造的核算框架，其中，一部分是针对现实发生的环境保护和资源管理活动进行核算，先给出环境保护和资源管理活动、产品和产业的分类，编制环境保护及资源管理活动供应使用表，而后进一步编制环境保护及资源管理支出流量核算表。这些核算的基础是国民经济核算的供应使用表和投入产出表。另一部分是针对现实中利用各种经济手段来有偿使用环境的情况，如征收环境税费，确定与环境有关的财产权从而发生的收支，把这些收支从现行国民经济核算中分离出来进行核算。这些收支的发生，使核算进一步延伸到收入分配和资本形成领域，需要在国民经济核算的收入分配账户、资本账户的基础上完成。应该说，这些账户的设立是对以下现实的回应：第一，环境不仅消极地被经济所使用，而且出现了越来越多的以减轻环境压力为目的的经济活动，我们不仅需要考察哪些地方存在对环境的压力，也需要辨别在哪些地方形成了支出以减轻对环境的压力；第二，在通过环保活动直接干预环境状况的同时，经济过程中越来越注意运用经济手段来鼓励那些有益于环境的行为，限制那些可能对环境造成危害的行为。因此，通过这些内容的核算，可以提供信息，支持人类减轻环境影响的经济成本和环境收益之间的评估。

第三组账户：环境资产存量及其变化的核算。作为各种类型资产的集合，环境可以用自然资产来表述。SEEA-2003 将其定义为三个宽泛的类别：自然资源、土地和生态系统。第三组账户区分这三个类别，给出了实物型和价值型资产账户。环境资产存量及其变化账户的内在逻辑是从期初存量到期末存量的动态平衡关系，其间的变化由各种经济的、非经济的因素来解释。首先，对环境资产予以确切定义，在与国民经济核算相比较的基础上，给出了详细的环境资产分类体系。其次，对核算项目进行分解并予以详细讨论，一方面是分解环境资产变化的各种因素，讨论相应的核算方法，其间贯穿了与国民经济核算的比较；另一方面是分解不同的环境资产类型，说明针对不同类型环境资产的具体核算方法和应用案例。最后，对环境资产及其变化的估价方法，估价是资产存量账户从实物型核算到价值型核算的前提。

第四组账户：传统经济总量调整。回应现实中对传统经济总量的指责，环境经济综合核算无法回避如何以环境因素对传统经济总量进行调整这一问题。和前两个手册不同的是，SEEA-2003 没有简单地处理该问题，也没有将实现这样的总量调整作为环境经济核算的唯一目标，而是结合现实的要求和目前所具备的条件，对此进行了详细讨论，给出了可供选择的处理方法。从对环境关注的不同角度出发，从现实所具备的不同核算条件出发，可以有不同的总量调整方法。第一是用资源耗减价值进行总量调整，形成"经耗减调整的总量"；第二是用环境防御支出进行总量调整的方法；第三则是以环境退化价值进行总量调整，形成所谓"经退化调整的总量"。在每一类调整中，都结合不同估价方法、所依据的不同假定进行了具体讨论，给出了不同的调整选择和账户表示。

在现实中，由于资源环境的多样性、复杂性和不确定性，把全部的环境要素与经济活动进行综合的难度较大，但是对单项环境要素与经济活动的关系进行研究相对比较容易。实践证明，SEEA 框架已经成为世界各国构建本国的环境经济综合核算体系的首选方案，它能更好地判断研究区域的可持续发展状况，提供环境成本内部化的信息，能够用来指导有利于环境维护与发展的生产和投资等行为，便于为可持续发展战略提供全面的资源、环境和经济信息，也有利于在世界范围内开展这方面的比较研究。

1.1.3　环境经济综合核算体系尚待完善的方面

环境经济综合核算体系 SEEA 的出现是核算领域里的一个具有里程碑意义的进步，其为整合环境与经济核算提供了相应的概念、建立账户的方法以及一般步骤。但是由于整个生态经济大系统及其内部关系的复杂性，一步到位地建立完全反映现实世界的核算体系不符合事物发展的规律，加上人类本身的认识水平、科学技术和其他客观条件的限制，任何一个新生事物都会有它本身需要完善的地方，SEEA 也不例外。在 SEEA - 2003 中，明确指出其自身工作的不足，具体如下。

1.1.3.1　时间和空间

环境账户的建立与 SNA 中包含的概念紧密相连，因此，就准确而言，环境账户最适合以年度为基础进行编制，季节性和地方性的环境问题并不适合在账户中进行分析。尽管在理论上季度的或区域的账户也是可行的，但在实践中，很少有国家具备编制这类账户的数据。很多情况是某地区全年都存在某种问题，其环境效果极为短暂，而另外一些环境效果则是十分长久的，目前是以年度为基础的账户错误地强调前者，而忽视了后者。环境经济综合核算手册对某些时空问题给予的注意不够，如环境进口与出口需求、累积的"环境债务"等。

1.1.3.2　准确性

手册中描述的技术是仔细构造的，然而，关于基础数据仍有许多不确定性。其中有一些不确定性是系统性的，如一些残余物的阈值仍然未知，或者甚至是一些污染的临界点是无法预知的；因果间关系的确切形式至今只在相对较窄的观察范围内进行了测量，对于在这个范围之外会发生什么预测难免会出现误差；某些不确定性可能是统计性的，如与经济和社会统计相比，在建立某些领域的环境数据库方面的经验还比较薄弱。随着数据收集技术的改进，环境数据库也有可能完善，并暴露出现有数据来源的缺陷。

1.1.3.3　非环境变化

SEEA 账户把经济与环境联系起来，大多数重点都放在两个领域间的技术性相互作用上，然而，还有其他因素通过经济对环境形成需求。随着时间的推移，人口增加，总体繁荣水平在提高，这两个因素都将提高对环境功能的要求；另外，技术开发可以找到更高环境效率的方式，指导经济活动，以此缓解对环境的需求。

1.1.3.4　范围

手册中阐述的账户体系建立了与经济统计中所测度的经济活动间的联系，尽管在将实物环境统计和经济统计方面的考虑更紧密地结合起来方面做出了努力，仍难以把所有环境问题融合在一个核算框架之中，与可持续性有关的某些问题在这种背景下可能不易计量，例如，虽然 SEEA 适合于对与经济活动有关的残余物流量进行计量，却不太适合于研究这些残余物流量对人类和非人类物种的健康影响。

1.1.3.5　灾害

灾害问题是没有很好解决的问题，某些灾害如洪水和水土流失，过去看作自然事件，现在则更多地认为是过去对环境粗心大意的行为的后果。一些灾害没有环境上的根源，如油轮失事，但有严重的环境后果；还有一些经济活动，不仅有环境后果，而且有进一步的经济后果。未来希望能将灾害纳入环境核算领域中。

从 SEEA－2003 发行以来，各个国家在实施环境经济核算制度方面取得了更多的经验，认为很有必要在 SEEA 中尚未解决的问题上达成共识，同时，应该对现存的问题和新出现的问题做进一步研究。向书坚在《2003 年

SEEA 需要进一步研究的主要问题》[①] 一文中对许多国家和国际组织提出的问题进行了综合归纳，共总结出 27 个需要进一步研究的问题，分别是：物质流量账户、宏观经济物质流量核算、废物账户、废物账户与 MFA 账户之间的关系、能源统计与能源账户、SEEA 账户与京都议定书及其他政策相关概念之间的联系、再生能源资源、环境税与补贴、资源使用许可证与废物排放许可证、自然资源管理账户的分类、实物资源储量的定义、存量的估价、存量变化尤其是资源耗减的估价问题、矿物资产退役成本和所有权费用的记录、将石油和天然气账户中使用的方法扩展到其他矿产资源的核算、保密性与矿物和能源资源账户的编制、SEEA 的资产范围内如何包含与自然资产相关的金融财富、资源租金和国民账户中"特别"资源税及补贴、人工水库中的水资源作为生产资产处理、非法调用水资源的处理、水资源的估价、水质量账户、土地的估价、环境降级的估价、账户的应用、SEEA 向社会领域的扩展、生态系统的测算。

SEEA – 2003 作为《环境经济综合核算体系》最后草稿，其在国民经济核算原理的基础上详细讨论了有关环境经济综合核算的所有问题，并系统地总结了环境经济核算的已有实践，提出了核算中所应用的分类和更加具体的核算原理，并系统检验了不同核算内容的可行性及其应用价值。尽管如此，由于环境经济综合核算本身所具有的复杂性，还有很多如上所述的问题，SEEA – 2003 也只是对国际学术界所出现的各种观点进行了一些综述，在实践中到底应该怎样做，其中并没有给出明确的指导。有鉴于此，SEEA – 2003 距离一个名副其实的国际标准，还有很多问题需要进一步研究，该领域仍有大量的实践工作和理论方法研究工作需要去做。

1.2 研究内容

由 1.1 我们可以看到，环境经济综合核算的理论研究还很薄弱，有许多问

① 向书坚. 2003 年 SEEA 需要进一步研究的主要问题 [J]. 统计研究，2006，(6)：17 – 21.

题并没有得到解决。鉴于此，本书拟在已有研究成果的基础上，仅就其中"自然资源耗减""减轻自然灾害核算""可持续发展指标"三个问题进行考察和探讨。

1.2.1　自然资源耗减

环境经济综合核算认为，自然资本包括三个范畴：自然资源存量、土地和生态系统。三者都对发展在长期上的可持续性具有决定性意义，其为经济、经济外部的人类和其他生物提供了多种功能，可以分为三类。

1.2.1.1　资源功能

包括用于经济从而转换为有益于人类的货物与服务的自然资源，如矿物储量、来自自然森林的木材、深海鱼类等。

1.2.1.2　受纳功能

吸收生产和消费的无用的副产品，包括来自燃烧或化学过程的废气、用于清洁产品和人的水、丢弃的包装物和不再需要的物品，这些废弃物被排放到空气、水中或在填埋场中填埋。

1.2.1.3　服务功能

为包括人类在内的所有生物提供栖息地，而栖息地在许多方面是至关重要的，如空气对于呼吸、水对于饮用，这些被称为"生存功能"，如果生存功能的数量和质量受到损害，则物种的生物多样性就会受到威胁，人类也不例外。还有些服务功能不是本质性的，但可以改进生活的质量，如为休闲消遣提供良好景观，这些被称为"舒适功能"，只对人类产生影响。

自然资本的维护对人类的生存和发展是至关重要的，然而，伴随着现代经济的快速发展，资源过度消耗和环境急剧退化，资源已从相对富裕变为稀缺，进而面临着枯竭，这些已对各国的经济、生活产生瓶颈作用，从而影响到人们的福利水平。在 20 世纪 70 年代发生的能源危机给全世界以极大的震动，1973 年 10 月，石油输出国组织（OPEC）停止对包括美国在内的西方国家输出石油，这使得国际市场上的石油价格因此而上涨了 4 倍，从每桶 3 美元涨到每桶 12 美元，引发了第二次世界大战之后最为严重的全球性能源危机。作为工业社会各种动力的主要来源，石油被誉为"工业的血液"，其影响力对于一个现代化国家来说是不言而喻的。由此可见，自然资源对人类社会发展以及经济正常运行是不可或缺的，有必要将资源的存量和流量纳入核算体系之中。

SEEA 核算体系的基础模式是要说明自然资源和生态系统投入如何进入经济系统的，而评估自然资源的存量是否正在永久性消耗自然成为其内容之一。估价资产的首选方法是通过市场价格，但对环境资产来说，价格不是经常能得到的，没有市场价格，就必须基于可资利用的市场交易开发其他估价方法，如果缺少这样的基础，就要依据按照价格和价值的经济理论而形成的估计方法。以上我们试图列举了 SEEA 需要进一步研究的 27 个问题，其中存量估价和存量变化两个问题就涉及资源的耗损价值的估计。基于存在的问题，笔者将"自然资源耗减"作为研究的内容之一，讨论了自然资源价值的形成，并就国内学者争论的估价问题进行了探讨。

1.2.2　减轻自然灾害核算

进入 20 世纪以来，自然灾害频繁发生，究其原因除了自然变异增强之外，人类社会的发展和影响是极其严重的：20 世纪世界人口由 16 亿左右增加到了 60 亿以上，生产力提高了几十倍，造成资源消耗和环境日益严重，促进了自然灾害的快速发展。另外，由于人口和社会财富的急剧增加，致使灾害造成的损失快速增长。据有关资料统计，20 世纪地震、火山、洪涝等突发性自然灾害造成的死亡人数大约相当于前 3 个世纪的总和，各种自然灾害造成的经济损失超过前 19 个世纪的灾害损失总和[①]。

---

① 国家科委全国重大自然灾害综合研究组. 中国重大自然灾害及减灾对策［M］. 北京：科学出版社，1999.

　　中国是人口众多的国家，又是农业大国，灾害种类多、危险性大，但减灾能力低，因此灾害危害严重，影响面广，损失巨大，成为世界上自然灾害较为严重的国家之一。自然灾害的频繁发生给国家、社会和人民造成了重大损失，这是不争的事实，防灾、抗灾、救灾已成为不能忽视且亟须关注、重视、研讨的话题，正是这些突如其来的自然灾害给人们敲响了警钟：只有做好充分的准备，才能最大程度避免或者减少灾难造成的损失。

　　自然灾害是由自然变异引起的，造成危害人类生命、财产、社会功能事件，是与人类共存的、必然的、不可避免的自然现象。SEEA 关注于环境活动，即降低或消除环境压力和致力于自然资源更有效利用的活动，由于自然灾害的性质，其产生于自然环境，对人类社会、经济产生巨大的影响，因此，SEEA 欲将减轻自然灾害活动纳入核算框架内，但到目前为止，还没有一个国家有这方面的经验。

　　近年来，我国学者在自然灾害研究方面取得了巨大成果，从理论上对自然灾害的发生规律、特点以及抗灾工程有了深刻的认识，提出了综合减灾的减灾系统工程。同时，防灾减灾活动也进入产业化阶段，2008 年 11 月，四川省政府投资 5 亿元在绵阳建设科技城防灾减灾科技产业园，该产业园区内建立了培育、发展四大防灾减灾产业集群：一是地震灾害预测预报设备器材、仪器仪表研究开发与生产经营产业集群；二是对地震灾害进行抗灾救灾现场抢险系列设备与器械研究开发与生产经营产业集群；三是地震灾后恢复重建材料与配套设施研究开发及生产经营产业集群；四是地震灾后次生灾害防控药品、器具研究开发与生产经营产业集群。2010 年完成防灾减灾产业园的建设，2015 年该园区为国家近期和未来地震防灾抗灾及恢复重建提供科学技术支撑、先进实用产品、成套技术、成功范例及有益的经验和借鉴参考模式。

　　然而，当前对自然灾害情况的统计仍停留在以统计报表形式，由省级和省级以下民政部门组织填报，通过信息系统逐级上报，报送的内容主要是行政区域内的灾情和救灾工作情况，指标有灾害种类、受灾人口、紧急转移安置人口、农作物成灾面积、损坏房屋间数、直接经济损失等。可以看出，目前对自然灾害情况主要是灾后的统计数据，对防灾减灾的具体活动统计较少，减轻自然灾害核算也未在国民经济核算中得到专门的体现，笔者认为，对减轻自然灾害宏观核算进行研究势在必行，将其作为本书的一个研究内容。

1.2.3　可持续发展指标

1987 年，挪威首相布伦特兰夫人在世界环境与发展委员会的一个专题报告中，以《我们共同的未来》[①] 为题，系统论述了可持续发展的含义、原则和实践问题，提出了后来被全球公认的可持续发展的概念"既能满足当代人的需求，又不损害后代人满足其需求的能力的发展"。至此，形成了比较系统的全球性可持续发展观和发展战略。可持续发展理论是在对现代经济及其发展模式深入思考的基础上，借鉴已有理论成果提出来的，与传统经济学有着深刻的渊源，将资源与环境引入传统经济模式中，直观上很容易为人理解与接受。1992 年在里约热内卢召开的联合国环境与发展大会，把可持续发展作为人类迈向 21 世纪的共同发展战略，在人类历史上第一次将可持续发展战略由概念落实为全球性的行动，可持续发展概念自问世以来，已经得到社会各界的广泛关注和理解。

可持续发展的定量测度是可持续发展研究的核心问题和理论前沿之一，它主要围绕着可持续发展评价指标展开，通过对可持续发展指标体系的研究，度量和评价可持续发展的方向以及可持续发展目标的实现程度，合理指导经济、社会、政治等领域做相应的调整。目前，对可持续发展的迫切需求使指标体系研究备受关注，随着可持续发展定性研究的推进，可持续发展定量研究和实际应用也在不断加强。

国民核算体系 SNA 在经济生活中起着非常重要的作用，保罗·萨缪尔森和威廉·斯称赞其核心指标 GNP 是 20 世纪最伟大的发明之一，离开了像 GNP 这样的经济总量指标，宏观经济学就会在杂乱无章的数据海洋中漂泊。然而，SNA 并不完美，体系中有些非市场产出的价值是按照免费或没有经济意义的低价提供的所有产品价值总和，这种扭曲的价格既不反映相应的生产成本，又不反映相应的消费者偏好，国民核算对这种现象只能规定用生产期间所发生的一切生产成本来估算产出。这种做法是核算体系的一个严重不足，将此核算体系用于指导政策的制定必然有失偏颇。衡量国民经济真实进步尺度，传统方法是

---

① 世界环境与发展委员会编，国家环保局外事办公室译．我们共同的未来 [M]．北京：世界知识出版社，1989.

采用 GDP 作为衡量指标，然而，由于 GDP 无视非市场化活动创造的经济价值，只是衡量以市场交易为基础的社会经济生产的总和，凡是市场上的货币交易都被计入总量，笼统地认为一切货币交易都将增加福利，并没有考虑收入分配及其对社会福利状况的影响，也没有将生产性活动和破坏性活动区分开来：自然资源的消耗被当作收入，经济活动的环境代价被忽视，污染的防治及改善环境的费用反而在增加 GDP。因此，GDP 的增加并不一定使大多数人的福利得到改善，许多学者致力于衡量可持续发展新的指标，亦取得了很多的成果。

环境经济综合核算体系 SEEA，是构建在 SNA 的基础上，包含了大量的定义、方法和程序，同时增设自然资源和环境账户，采用货币估值的方法，建立了考虑资源、环境因素的经济核算体系，以此来达到调整、改进核算体系的目的。SEEA - 2003 在第一章引论中，就可持续发展概念进行了探讨，指出 SEEA 至少可以作为一个局部的框架，服务于可持续发展的测度。可惜的是，SEEA - 2003 通篇只在个别章节，用极少的文字论及可持续发展指标，至于什么是、该如何构建可持续发展指标都没有讨论，在 1.1 提到的 SEEA 的 27 个需要进一步研究的问题，"账户的应用"就涉及可持续发展指标的研究。因此，笔者认为，对可持续发展指标有研究的必要性，将其作为本书研究内容之一。

综上所述，"自然资源耗减""减轻自然灾害核算""可持续发展指标"作为环境经济综合核算中有待进一步研究的问题，从理论和实践上都具备了研究的意义，笔者基于这样一种动机，拟在这三个领域做一些探索性研究。

第2章

自然资源价值与估价问题研究

环境经济综合核算体系将自然资源引入了核算框架中，自然资源实物账户能够描述其来源与去向，但研究者更关心的是经济与环境之间以及它们内部的流量，因此必须将自然资源的实物量指标转换为价值量指标。本章从自然资源的狭义概念出发，探讨了自然资源价值的形成理论，进而对环境经济综合核算体系 SEEA 各个版本中推荐的各种自然资源估价方法进行对比分析，将自然资源租金估算问题作为讨论的重点，从理论和实证两个方面对其内涵进行研究。

2.1　自然资源的概念及价值形成

2.1.1　自然资源的概念和特点

　　关于自然资源的概念有很多提法，被人们引用较多的有以下几种：（1）早给自然资源下定义的是地理学家金梅曼（Zimmermann）在《世界资源与产业》一书中认为："无论是整个环境还是其某个部分，只要它们能或被认为能满足人类的需要，就是自然资源。"[①]（2）《辞海》中关于自然资源的定义是"一般天然存在的向然物（不包括人类加工制造的原材料），如土地资源、矿藏资源、水利资源、化物资源、海洋资源等，是生产的原料来源和布局场所。随着社会生产力的提高和科学技术的发展，人类开发利用自然资源的广度和深度也在不断增加"。（3）1972 年联合国环境规划署（UNEP）对自然资源的定义是："在一定时间、地点的条件下，能够产生经济价值的、以提高人类当前和将来福利的自然环境因素的总称"[②]。（4）1998 年联合国专家工作组通过的《环境会计和报告的立场公告》中给自然环境下的定义为：环境是指我们周围的自然物质的存在，包括空气、水、陆地、植物、动物和不可再生资源，如石

---

① 陈开琦. 我国自然资源立法保护研究 [J]. 生态环境，2008，(3)：1302 – 1308.
② 戴星翼，俞厚末，董梅. 生态服务的价值实现 [M]. 北京：科学出版社，2005.

油、矿物①。（5）著名资源经济学家阿兰·兰德尔认为，自然资源是由人发现的有用途和有价值的物质。自然状态的或未加工过的资源可被输入生产过程，变成有价值的物质，或者可以直接进入消费过程给人们以舒适而产生价值②。（6）我国学者李金昌主张，自然资源是在一定技术条件下，自然界中对人类有用的一切物质和能量。在现代生产发展水平下，为了满足人类的生活和生产需要而被利用的自然物质和能量，称之为"资源"③。

以上概念表明了国际和国内理论界的专家和学者对环境与自然资源的认识尚未达成共识，而这种观点的分歧自然导致在环境经济理论乃至环境经济核算的研究上出现理论或概念的混乱。在传统的理论中，环境与资源是不同层次的概念。环境是指所要考察的系统或对象之外的一切要素之总和，则若以人类的社会经济系统作为考察对象，影响该系统的所有外部因素的总和便构成了环境。资源则是内含于环境概念内的小概念，属于较低层次的概念。传统的自然资源概念着眼于自然因素的物质性，即所谓自然资源是指环境中具有物质形态并能进入人类生产和生活系统的自然因素，如土地、森林、矿产、能源、水资源等。然而，长期以来，随着研究的不断深化，人们对自然资源概念的理解不断发生变化。近年来，理论界对自然资源的理解已不局限在物质基础之上，而是更多地强调自然因素的有用性，正如以上（1）、（5）、（6）概念中，着重于自然资源为人类带来价值，概念（3）更是反映了这种趋向。联合国环境规划署对自然资源的定义，可以说是拓宽了自然资源的内涵和外延，将自然资源概念与自然环境概念几乎等价，而联合国专家工作组的定义，是使自然环境概念的内涵和外延缩小，最终是和传统的自然资源概念相吻合。

对于以上混乱的概念，我们认为，自然资源指的是传统的狭义的自然资源概念，这是基于以下的考虑。在 SEEA－2003 中，自然资源资产被定义为通过为经济活动供应原材料或能源而提供使用资产，以及那些其数量耗减可主要归结于人类使用的资产，具体分为矿物和能源、土壤资源、水资源和生物资源。这里自然资源强调了其物质性。长期以来，传统的国民经济核算 SNA 就是以这一认识为基础进行自然资源核算的，而 SEEA 作为对 SNA 的扩展，其测度的

---

① 张白玲. 环境核算体系研究［M］. 北京：中国财政经济出版社，2003.

② ［美］阿兰·兰德尔. 从经济角度对自然资源和环境政策的探讨［M］. 北京：商务印书馆，1989.

③ 李金昌. 资源核算论［M］. 北京：中国统计出版社，1996.

中心问题有三个：资源耗减、环境退化和防御支出。为了保持理论和逻辑的一致性，因此本章中除了特别指出，一般所指自然资源是狭义概念。

自然资源的分类，目前为止还没有一个完善的资源分类体系，不同的分类方法适用于不同的分类目的，广义的自然资源主要分类方式有以下几个方面。

2.1.1.1　按照自然资源存在的形态分类

将自然资源分为土地资源、矿产资源、环境资源、气候资源、水资源、生物资源等。

2.1.1.2　按照自然资源可更新特征分类[①]

将自然资源分为耗竭性资源与非耗竭性资源两大类。其中，耗竭性资源又称为"有限资源"，它们数量固定，一旦被用尽或过度消耗就无法补偿了。耗竭性资源又细分为再生性资源和非再生性资源两大类。再生性资源主要指土地资源、水资源、气候资源、生物资源等。该类资源在正确的管理和维护下，可以不断地被更新利用，反之，则会遭到破坏以致消耗殆尽。非再生资源也称"不可更新资源"，指人类开发利用后，现阶段不可能再生而会被用尽的资源。这类资源主要指经过漫长的地质年代形成的矿产资源，包括金属矿产、非金属矿和矿物燃料等。非耗竭性资源又称"无限资源"，是用之不竭的资源。太阳能、潮汐能、风能、海水能等均属于非耗竭性资源。非耗竭性资源又可分为恒定性资源和易误用资源两大类：前者又称"不变异性自然资源"，是指不依人类活动而发生变异的自然资源，如原子能、风能、降水、潮汐能等；易误用资源指大气、水能、江河湖海中的水资源，以及广义上的自然风光等，如表 2 - 1所示。

归纳起来，自然资源具有以下几个特点。

（1）自然性。自然资源是天然物品，与人工合成品具有本质区别。（2）历史性。多数自然资源是经过漫长的自然历史过程形成的。（3）稀缺性。地球上自然资源的储量是有限的。对非生态资源而言，随着人类消耗量的增加，资

---

① 钱伯海，杨缅昆，杨灿. 国民经济统计学 [M]. 北京：中国统计出版社，2000.

表 2 – 1 自然资源分类

自然资源	耗竭性资源	再生性资源	土地资源
			森林资源
			作物资源
			牧场和饲料资源
			野生及家养动物资源
			水产渔业资源
		非再生性资源	能重复利用的资源
			不能重复利用的资源
	非耗竭性资源	恒定性资源	太阳能
			潮汐能
			原子能
			风能
			降水
		易误用资源	大气
			水能
			江河湖泊中的水资源
			广义的自然资源

资料来源：钱伯海，杨缅昆，杨灿. 国民经济统计学 ［M］. 北京：中国统计出版社，2000.

源储量会逐渐减少直至完全耗尽；对生态资源而言，如果人类的利用速度超过其更新速度，也会导致枯竭。（4）整体性。各类自然资源都不是孤立存在的，在时空上往往交互重叠、互相依存，共同构成完整的资源系统，对任何一种资源的开发利用必然对其他资源产生影响，并进而导致整个资源系统的变化。（5）公共性。自然资源是全社会、全人类共有的财富，其中的相当一部分原则上不能限制任何人享受其所提供的生态、社会服务，任何人对某些资源的享受也不会影响他人的享受。同时，不少自然资源从物质形态上也是不可割裂的，如巨大的水体、奔腾的江河、广阔的海洋、无法固定的环流大气等，因此，自然资源本身在很大程度上具有公共物品的属性。（6）不可替代性。随着科学技术的不断进步，大多数自然资源产品可由人工合成品代替，但几乎所有替代品的原材料仍来自自然资源或其衍生物，在本质上仍然是自然资源。同时，也有一些自然资源在一定的时间和技术水平下是完全不能由人工产品替代的。

2.1.2　自然资源价值形成理论

在经济学中，价值是一个十分重要的概念。一种事物是否具有价值，是以这一事物是否具有使用价值或效用为前提条件的。使用价值或效用是指客体对主体的有用性，如果某一事物不具有使用价值或效用，那么该事物的价值就失去了存在的基础。对自然资源而言，其使用价值则是潜在的、间接的，例如，在石油或天然气没有被开采出来之前，人们并没有感受到它们的使用价值，只有人类劳动施加在这些资源上面，使其由资源转换为能够满足生产和生活需要的产品之后，它们的使用价值或效应才能显现出来。另外，从价值形成来看，自然资源与货物服务是不同的。货物和服务是人类劳动的产品，而自然资源是天然物品。对于自然资源是否具有价值的问题，理论界存在着不同看法，从整体趋势来看，是往承认自然资源具有价值的方向发展的。

对于自然资源为什么会有价值，主要观点有：（1）使用价值决定论，认为自然资源有价值是因为它具有使用价值，即对人类有用。（2）价格决定论，认为有价格的东西必定有价值，自然资源的价值其实就是资源所有者所能获得的经济利益，因此，可根据其收益的多少来确定价值。（3）双重价值论，从"劳动是财富之父，土地是财富之母"出发，认为自然资源的价值由自然形成的价值和劳动创造的价值两部分组成。（4）稀缺价值论，从资源的有限性、稀缺性出发，结合资源的自然丰度及地理位置等方面的差异说明自然资源的价值。（5）劳动价值泛化论，认为人的劳动能力本质上也是一种生物生产力，人的劳动可以创造价值，自然资源生态系统的生物生产力也能创造价值；人在生产时要耗费物化劳动，自然资源在形成过程中也要不断吸收环境中的物质，这些物质及时间的消耗构成了自然资源的物质基础，相当于物化劳动的消耗。（6）替代价值论，认为自然资源的价值是在资源的社会再生产过程中产生的，人类为了使资源恢复到原来应有的水平，投入了必要的社会劳动，资源因此被人类赋予了更新、恢复的价值。上述种种理论，是从不同方面阐述了自然资源的价值，其中不乏真知灼见，但也存在许多不足和相互矛盾的地方，笔者认为，对自然资源是否具有价值需要从其价值观的形成上讨论。

首先，自然资源具有价值的一般性特征。从哲学角度来看，价值是一种相互关系，这种关系的普遍存在，是价值范畴的现实基础和客观依据，也是与人类社会的产生、主客体的分化及其相互作用紧密相连的，其本质是主客体相互作用过程中客体对主体的效应①。人类利用自然资源的过程是一个实践的过程，人类根据自身需要，对自然资源进行开发和利用，并且使其成为产品或者服务的一个组成部分或者为生产产品和服务提供条件，这个过程是一个客体主体化的过程。同时，实践中主体的能动性和创造性是建立在认识和掌握客观规律的基础上的，自然资源条件的具体情况是千差万别的，人类只有认识了自然资源的属性和规律，才能对自然资源进行开发和利用，因此实践的过程也是在人类深化对自然资源认识的基础上主体客体化。自然资源与人类的相互作用，使得自然物质经过形式变化被加工转化为人化自然，对于人化自然的价值来说，其实质是主体客体化与客体主体化的统一。从这点来看，自然资源具有价值的本质性特征。

其次，自然资源价值观的形成是经济发展的结果。人们对自然资源是否具有价值的认识主要经历了三个阶段，即自然资源无价值表现阶段、模糊价值表现阶段和有价值表现阶段②。在人类历史发展早期，人类的生产与生活主要依靠大自然的恩赐，自然资源的自然再生，能适应社会经济的发展，完全满足社会需求，使人们在主观认识上形成自然资源是取之不尽、用之不竭的印象，造成实践中认为资源是无价的。随着人类活动的不断扩展和对自然资源的不断消耗，人类也逐渐加大对自然资源的投入，事先未受到人类劳动影响的资源越来越少，自然界已经逐步被改造成更符合人类自己需要的人化自然界。当社会经济发展的速度超过资源的自然再生速度，但这种对自然物质储备的消耗，还不能引起人们对资源再生的重视，资源依旧表现为无价或是模糊的价值。当社会经济发展到一定阶段，科学技术的进步和社会需求的多样化，使人类开发利用资源的范围不断扩大、种类不断增多，开发利用水平不断上升，最终引起对资源的需求急剧增加，直至远远超过资源的自然再生速度，资源的稀缺性逐渐表现出来，并日益显著。此时，人类如果不进行投入，不将资源的自然再生和社会再生结合起来的话，就会影响以至威胁自身的生存发展，人类的认识由此才发生根本性的转变，逐步认识到自然资源不仅对人类具有效用，而且其本身还

---

① 马志政. 哲学价值论纲要 [M]. 杭州: 杭州大学出版社, 2000.
② 赵秉栋. 论自然资源的价值问题 [J]. 河南大学学报, 1999, (6): 79-80.

存在费用问题，这才使资源的价值有了真实的含义。特别是现代社会，要满足人类生存和发展的需要，就必须投入一定劳动给予自然资源和生态环境以补偿、保护和建设，使自然资源和生态环境保持一定的数量和功能。自然资源再生产是自然资源再生产和社会再生产过程的统一，这使得整个现存的、有用的、稀缺的自然资源都表现为直接生产和再生产的产品。从经济学意义上讲，自然资源的费用与效用之间的关系就是自然资源的价值。

在传统的经济和价值观念中，一般认为没有劳动参与的东西，是没有价值的，或者认为不能参与交易的东西是没有价值的。在这两种观念的前提下，即认为自然资源特别是天然的自然资源是没有价值的。这种"无价值"源于"三个假定"：一是假定自然资源在数量上是无限的，是不会枯竭的；二是自然资源无论在何种生产力条件下，都不会加入人类劳动，是非劳动产物；三是假定即使自然资源出现短缺，也可以靠市场这只"看不见的手"来调节和解决问题。从目前情况来看，自然资源已经越来越稀缺，特别是耗竭性资源，稀缺性更是日益明显。在市场经济条件下，通过供求机制、价格机制和竞争机制的作用，交易价格是可以确定下来的，自然资源大多是可以交换的，已经成为商品或潜在的商品，因而，其价值不仅可以实现，而且，我们还可以用分析商品价值的方法来分析自然资源的价值。如果假定自然资源是无偿的，商品交换价值的本质，就是生产商品过程中的劳动耗费；如果自然资源不是无偿的，那么商品交换价值的本质，就是劳动耗费与自然资源耗费的总和，二者都是商品交换价值的源泉，决定商品经济价值的最终基础。因此，自然资源是有价值的。

2.2　一般自然资源估价问题研究

2.2.1　自然资源估价方法

在 SNA - 1993 中，对资产定义为"由机构单位（单独或集体的）行使所有权的实体，在一定时期内所有者对其持有、使用能获取经济利益"，资产的定义是与资产所有者对经济利益的获取相关联。同样，对于环境资产亦是与利益相关，环境资产"不仅必须要被所有者拥有，而且，如果给定技术、科学知识、经济基础设施、可供资源以及资产负债表日期有关的或在不久的将来可预料到的一套相关价格，它还能给所有者带来经济利益"。SEEA 被看作 SNA 的扩展，在 SEEA 中，环境资产的概念是与提供环境"功能"联系在一起的。环境资产提供的功能按特征分为提供资源功能、受纳功能和服务功能，其中任何一种功能的使用都会给经济带来价值，SEEA 的资产分类如表 2-2 所示。

表 2-2 　　　　　　　　　　　　SEEA 资产分类

EA. 1 自然资源

    EA. 11 矿物和能源（立方米、吨、油当量吨、焦耳）

    EA. 12 土壤资源（立方米、吨）

    EA. 13 水资源（立方米）

    EA. 14 生物资源

    EA. 141 林木资源（立方米）

    EA. 142 除林木外的作物和植物资源（立方米、吨、数目）

    EA. 143 水生资源（吨、数目）

    EA. 144 动物资源（除水生外）（数目）

EA. 2 土地和地表水（公顷）

    EA. 21 建筑及基础结构用地

    EA. 22 农业用地和相关地表水

    EA. 23 林地及相关地表水

    EA. 24 主要水体

    EA. 25 其他土地

EA. 3 生态系统

    EA. 31 陆地生态系统

    EA. 32 水体生态系统

    EA. 33 大气系统

资料来源：联合国，欧洲委员会等国际组织编；丁言强，王艳等译. 环境经济综合核算 [M]. 北京：中国经济出版社，2005.

对于许多环境资产而言，实物类信息可以反映该资产及其投入使用的实物特征，这意味着，不同种类资产的实物账户具有各自的特点，不能在总量意义上加总，或者不能在一个更宽范围的账户中进行综合。与此相反，价值型账户的基本原理在于明确采用一个一致的估计依据，由此可以进行不同资产类别间的加总，可以与非环境资产进行比较，说明其对可观察到的国际财富的贡献。国民经济核算的数据通常来自经济调查和行政记录，但环境与资源在很多情况下不存在现实市场或市场不完全，缺乏现成的市场交易价格，甚至缺少必要的成本数据作为其估价的依据，传统统计核算技术在环境核算的价值化方面，面临着一系列难以解决的困难。因此，对于环境资产的核算来说，许多核算数据不得不来源于虚拟估算，估价的方法与技术在此一直占有举足轻重的特殊地位。

在 SNA - 1993 中，关于资产的估价问题，其认为，如果条件允许，则首先使用市场价格，一般称为"市场价格法"。对于生产性资产，在大部分情况下该原则是适用的，但对于非生产资产而言，则不一定。在一些国家，对于某些地下资产也适用，但在很多国家，尤其是在我国和一些东欧国家，地下资产归国家所有，不允许在市场上出售，所以就没有市场价格。SNA - 1993 建议，如果没有市场价格，作为次优选择，以持有或使用该资产的未来收益的净现值作为其价值，一般称为"净现值法"。经济理论认为，事实上资产的市场价格就是这样确定的，如果未来收益的价值至少不等于市场价格，该资产就不是一项成本有效的购买。因此，在理论上，"净现值法"和"市场价格法"所确定的资产价值应该是一致的。如果既没有市场价格，又无法计算资产的净现值，那么，可以用该资产的生产成本作为其价值的最低估计，一般将这种方法称为"生产成本法"。

对于非生产性自然资源而言，这类资产的市场价格体系很不完整，"市场价格法"难以应用，同时自然资源没有生产成本，"生产成本法"也不能应用于自然资产的价值测定问题。下文仅对"净现值法"等几种常用的估价方法做一些归纳和对比。

2. 2. 1. 1　净现值法

净现值法又称"收益还原法"，是通过运用适当的资本化率，将估价对象未来预期的客观正常净收益折现到估价时点后累加，从而得到估价对象在该时点价值的一种估价方法，其估价公式为：

$$PV_0 = \sum_{t=1}^{T} \frac{S_t - C_t - I_t}{(1+r)^t} = \sum_{t=1}^{T} \frac{R_t}{(1+r)^t} \qquad (2-1)$$

其中：PV_0 为 0 期期末某自然资源的全部存量价值；T 表示资源的预期可开采年限；S_t、C_t、I_t 分别表示该资源产品在第 t 期的销售额、开采费用（包括中间消耗、工资、折旧等）和投资资本的"正常回报"；r 表示资本化率，即贴现率；R_t 为第 t 期资源产品销售总收入与相应生产成本之差。

同样，假设折现率不变，经过一年开采以后，第 1 期期末自然资源价值：

$$PV_1 = \sum_{t=2}^{T} \frac{R_t}{(1+r)^{t-1}} \tag{2-2}$$

这样第 1 期的"资源耗减价值"为：

$$D_1 = PV_0 - PV_1 = \sum_{t=1}^{T} \frac{R_t}{(1+r)^t} - \sum_{t=2}^{T} \frac{R_t}{(1+r)^{t-1}} \tag{2-3}$$

2.2.1.2 净租法

净租法亦称净价法，是净现值法的一种特殊或者简化形式，通常适用于总量有限的不可再生的环境资源。将净现值法简化为"净租法"，在学术界有两种理解。

一种观点，是根据 Hotelling 模型规则得到的。1931 年哈罗德·霍特林（Harold Hotelling）分析了各种开采条件下不可再生资源的最优开采途径。在此基础上，分析了在竞争市场环境中不可再生资源的均衡价格路径，即价格随时间动态变化的轨迹，得到著名的"霍特林规则"，其是指当某一资源被开采时，该资源价格的增长率应该相当于贴现率。起初，经济学家表述该规则的方程式为：

$$\frac{P'}{P} = r \tag{2-4}$$

其中如果方程式的左边数值大于右边数值，即资源价格的增长率高于贴现率，那就意味着推迟不可再生资源的开采更有利可图，因而应该更多地保存不可再生资源；反之，方程式的左边数值小于右边数值，即资源价格的增长率低于贴现率，那就意味着更多地耗用不可再生资源。

一般假定，Hotelling 模型假定不适用于可再生资源，即那些在可持续管理下不会发生稀缺的资源，但如果可再生资源没有得到可持续管理，则就是耗竭性的，在理论上也可以使用 Hotelling 模型。在这种假设会有：

$$R_t = R_0 (1+r)^t \tag{2-5}$$

将式（2-5）代入净现值法的公式中得：

$$PV_0 = \sum_{t=1}^{T} \frac{R_t}{(1+r)^t} = \sum_{t=1}^{T} \frac{R_0(1+r)^t}{(1+r)^t} = T \cdot R_0 \qquad (2-6)$$

显然，按照这一方法，在核算期内，每一期对资源的耗减量价值就都等于 R_0。

另一种观点认为，对于已探明储量的自然资产，无论是当年开采，还是未来某一年开采，作为同一物品，它们都应该具有相同的内在价值。基于这种认识，认为在测算自然资产的价值时，不需要对未来开采的自然资产价值进行折现，直接应用下列估价模型计算资源的存量价值：

$$PV_0 = \left[\frac{(S_0 - C_0 - I_0)}{Q_0} \right] \times \sum_{t=1}^{T} Q_t \qquad (2-7)$$

从表面上看，两种观点得到的两个公式并不相同，但如果我们对后面的公式加上"每年所开采的资源实物量均相等"的假设，我们可以得到：

$$PV_0 = \left[\frac{(S_0 - C_0 - I_0)}{Q_0} \right] \times \sum_{t=1}^{T} Q_t = \left(\frac{R_0}{Q_0} \right) \times (T \times Q_0) = T \cdot R_0 \qquad (2-8)$$

因此，以净现值法为基础，基于不同的假设或者理论所导出的"净租法"的测算公式具有不同的表现形式，但其本质是完全相同的。

2.2.1.3　使用者成本法

使用者成本概念最早是在 1936 年由马歇尔（Marshell）提出的，此后凯恩斯（Keynes）将其定义为由于设备使用造成的设备价值的减少，目的是想通过这样的定义将现存的非现实主义的经济理论带回到现实中来。提出用使用者成本法来计量非再生资源价值折耗方法的是埃尔·塞阿弗（E. L. Serafy），在 1989 年，他首先将非再生资源看作资本，进而考察这样的自然资本价值量随时间的变化量。使用者成本法只能用于计算资源的耗减成本，而不能用于计算资源在某一时点的存量价值。使用者成本法对 R_t 采用了不同的假设，其把不可再生资源开采和销售中取得的利润分为两部分：一部分是增加值要素，称为真实所得，是扣除资源价值折耗后得到的真正的收入部分；另一部分是资本要素，称为使用者成本，是来自资源折耗的可持续收入部分，即开采这一非再生资源所得到的机会成本。埃尔·塞阿弗认为，要满足可持续发展的原则，资源的开采者应该将其在有限时间内开采耗竭性自然资源的所得用于投资，利用投资得到未来持续可得的所得，才是我们的真实所得。以数学式表示，令 r 为利率水平，R 为每年的毛所得，假设为固定常数，X 为每年的真实所得，则无限期真实所得的现值为：

$$V_0 = \sum_{t=1}^{\infty} \frac{X}{(1+r)^t} = \frac{X}{r} \qquad (2-9)$$

而在有限的资源开采年限 T 内每年毛所得 R 的净现值为：

$$W_0 = \sum_{t=1}^{T} \frac{R}{(1+r)^t} = R \frac{1}{r} \left[1 - \frac{1}{(1+r)^T} \right] \qquad (2-10)$$

令此二者现值相等，即得出真实所得 Z 为：

$$X = R - \frac{R}{(1+r)^T} \qquad (2-11)$$

埃尔·塞阿弗进一步定义使用者成本为毛所得 R 与真实所得 X 之差，使用者成本为：

$$R - X = \frac{R}{(1+r)^T} \qquad (2-12)$$

埃尔·塞阿弗称该项为耗减因子。显然，R 可视为由资产所产生的毛所得，X 可视为希克斯所得，亦即永续所得，那么 $\frac{R}{(1+r)^T}$ 即为自然资源的耗减。

使用者成本法在计算 R_t 时，假设每年每单位毛所得固定且开采水平不变，这意味着即使价格及开采成本变动，使用者成本法的估计值仍然不变。

对于以上的估价方法，我们可以看到：

首先，尽管净现值法应用了较成熟的货币时间价值理论，是一种较为成熟的估价方法，但是在实际应用中，也还存在着不足，所需的数据较多，而有些数据有时很难得到。净现值法要求预测出未来各年客观正常的资源开采量，销售价格和各种开采成本数据。如果是已经完全知晓的非再生资源，不需要考虑更新问题，寿命长度可以由已知储量和预期开采量直接决定。对于可再生资源，如生物资源，在计算寿命长度时，需明确考虑更新问题，需要每年根据新的信息重新计算寿命长度，必然造成寿命长度反复无常的变化，随着开采寿命的延长，不确定因素的增加，这些变量的预计值误差将会变得很大。

其次，从理论上看，三种估价方法对数据要求的侧重点不同，但本质是相同的。净租法在计算非再生资源价值折耗时，更注重随着时间的变化资源储量的变动量和净利润，而对资源的使用期限和利率没有需求，而使用者成本法则要求在计算折耗时，首先必须对资源的使用期限进行估计，并确定适当的贴现率水平，同时它还假定资源剩余可采储量一定，并且给定净利润一个具体的值。因此，若是我们相信 A 是随着市场利率而成长，那么净现值法就可以简化为净租法；若是在任何时间都是固定不变，则净现值法可简化为使用者成本法。由此可见，三种方法在本质上是一致的，只是由于其假设的前提不同，从而造成其对参数的要求和关注度也不同。因此，在实际应用中，应根据数据可得性和资源特性选择适当的计量方法。

2.2.2　自然资源租金测定方法

关于自然资源的估价问题，在本节第一部分已经做了详述，在现有的资源估价方法中，虽然不同的方法所依据的理论与假设不同，所要求的条件也就有所不同，但三种方法中都要求"资源租金"是已知的。因此，要对自然资源进行科学估价，资源租金的测定就显得尤为关键，资源租金测定的准确与否，直接决定着自然资源价值测算的准确性。

根据 SEEA 各个版本的建议，估算资源租金有三种可能的方法。第一种方法是建立在实际交易的基础之上，SEEA - 2003 将其称为"拨付法"。其余两种方法则属于"间接推算"方法，其依据的思路是对一个企业拥有的所有资产的经济租金予以分割，一部分归于生产资产，另一部分分配给非生产资产，据此估算资源租金。这两种"间接推算"方法都假设一个企业或一个产业中存在可资利用的总营业盈余信息和以同一单位计量的净资本存量数据，并以此为起点。第一种方法使用确定资本存量的永续盘存法，以识别固定资本消耗，将该固定资本消耗从总营业盈余中扣减，就得到净营业盈余，再将估算的生产资本报酬从净营业盈余中扣减，剩下的就定义为自然资源租金；其余两种方法使用了资本服务流量理论，来确定在总营业盈余中有多少代表由生产资产提供的资本服务流量，把该部分从总营业盈余中扣减，剩下的就归于资源租金。下面分别对这三种方法予以详述。

2.2.2.1　拨付法

在很多国家，政府是国家自然资源的所有者，政府在理论上可以集中其拥有的所有开采资源产生的租金。政府一般通过对实施开采的企业进行收费、征税来集中资源租金，因此估计某种资源经济租金收入的方法，是将其等同于从这些公司征收的资源开采税、费的总和。然而，在实践上，这些税、费可能会低估资源租金，因为政府可能会有其他考虑，如对开采企业实行隐性价格补贴，刺激该产业的就业等，以及政府的支付率可能并不随着资源产品市场价格的变化而变化，在这些情况下，采用"拨付法"得不到一个真实的资源租金。基于以上的考虑，SREA 的设计者们建议，当这类数据不能分开识别时，就必须使用各种间接方法虚拟计算资源租金。

2.2.2.2 基于永续盘存法的间接推算法

很多国家用永续盘存法 PIM 来确定资本存量水平，该方法是先假定资产在其购买以来的 n 年内的价值折旧率，以此确定该资产的价值。这样，资产价值在前一年的减少就等于该资产的固定资本消耗，把固定资本消耗从总营业盈余中扣减出去，结果就是净营业盈余，再用 PIM 确定的资本存量价值来计算生产资本报酬，将其从净营业盈余中扣除后得到自然资源租金。由一个单位、一个产业部门或整个国民经济所得到的资源租金，就是在这一系列计算完成后得到的，具体方法如表 2－3 所示。

表 2－3   从永续盘存法推导资源租金

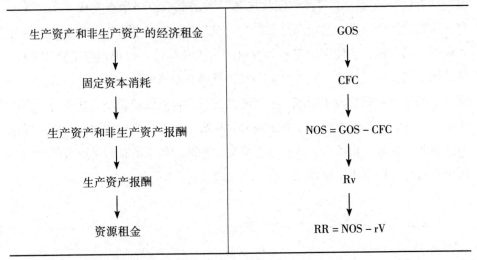

生产资产和非生产资产的经济租金	GOS
↓	↓
固定资本消耗	CFC
↓	↓
生产资产和非生产资产报酬	NOS = GOS － CFC
↓	↓
生产资产报酬	Rv
↓	↓
资源租金	RR = NOS － rV

对所有资产的经济租金收入来说，总营业盈余 GOS 减去固定资本消耗

CFC 得到生产资本和非生产资本报酬或称净营业盈余 NOS。生产资本报酬的计算，是用折现率 r 乘以年初生产资本存量的价值 V。从净营业盈余中减去生产资本报酬，就可以得出非生产资产报酬，即资源租金 RR。

2.2.2.3　基于资本服务流量的间接推算法

由 SEEA – 2003 所述，越来越多的 OECD 国家开始运用资本服务流量法而不是用 PIM 法来估算资本存量。这种方法的起点是，把一项资产在其寿命期各期所提供服务量的不断减少而不是价格的不断下降作为建模的依据。这样测算的资本服务流量可以用于生产率研究，也可以用于净收入流量的计算。从生产账户记录的总经济租金 GOS 中扣减根据资本存量估算的资本服务流量价值 CS，其结果可以直接给出资源租金 RR。具体计算流程如表 2 – 4 所示。

表 2 – 4　　　　　　　　　　从资本服务流量计算推导资源租金

以上两种间接推算资源租金的方法，都以企业或产业中存在可资利用的总营业盈余信息和以同一单位计量的净资本存量数据的假设为基础，进而扣除其中生产资产的经济租金，得到自然资源租金，这意味着其暗含着一个假设：在 GDP 中，除了包含诸如资源税、地租等类型的"显性"资源租金外，还"暗含"了一部分尚未计入这些项目的"隐性"部分。这部分"隐性"项目是什么，是否存在，SEEA 中都没有解释，而 SNA 只对生产资产明确记录使用费用，而对非生产的自然资产，它们是包含在 SNA 的资产范围内，但它们的使用费用没有明确地计入生产成本。这就意味着要么产品的价格没有反映出这部分费用，要么即使反映了，如一些耗减费用，却并没有单独列出，而是与其他未分清的项目一起混在营业盈余项目中。由于这种情形，对于"GDP 中是否包含资源租金"的问题，在学术界有不同的认识。第一种观点认为[①]，按照现行国民经济核算体系的核算原则与方法，国内生产总值中本身不包含资源的耗减价值，亦即 GDP 中并不包含"资源租金"。按照这种观点，自然资源租金的间接推算法是缺乏理论依据的。第二种观点认为[②]，GDP 中已经包含了资源的耗减价值，持这种观点的学者们实际上只是迎合了 SEEA - 2003 的做法，并没有给出令人信服的理论解释，只是列举了一些实际例子，作为支持其理论的依据。笔者认为，这些例子中是把某些集团由于对某种自然资源的垄断而取得的"超额利润"和"资源租金"本身混为一谈，给人以资源的所有者确实取得了"资源租金"的假象。第三种观点认为[③]，按照国民经济的核算原则，资源的耗减价值肯定已经进入有关产品的价值，即已经构成社会总产出的一部分，但是在计算 GDP 时已经将其作为中间消耗扣除。

综上，"GDP 中是否包含资源租金"这一问题的结论直接决定了资源租金核算的方法问题是否可行，下面对其进行讨论。

情况一：考虑一个封闭的"农夫王国"，该国的经济生产只有伐木和建房两个环节，假设某农夫拥有一片森林，森林是自然资源，资源价值估价为 200 单位，农夫将全部数目砍掉用于建筑若干木房，共支付 50 单位的人工费，其中 a 单位支付在伐木环节，$(50 - a)$ 单位付在建房环节，房屋的价值为 250 单位。依据 SNA 的核算规则，我们有：

$$伐木业增加值 = 200 + a$$
$$建房业增加值 = 250 - (200 + a) = 50 - a$$
$$农夫王国的 GDP = (200 + a) + (50 - a) = 250 \qquad (2-13)$$

同时，我们可以得到该时期农夫王国的投入产出表（1）如表 2-5 所示。

表 2 - 5　　　　　　　　　农夫王国的投入产出表（1）

投入		中间产品		最终产品				总产出
		伐木业	建房业	总消费	总投资	净出口	总计	
中间投入	伐木业	0	$200 + a$	0	0	0	0	$200 + a$
	建房业	0	0	0	250	0	250	250

① 杨缅昆. 关于 EDP 核算思路的若干质疑 [J]. 统计研究，2002，(3)：35 - 38.
② 刘树等. 关于 EDP 核算思路的若干思考 [J]. 统计研究，2002，(9)：45 - 49.
③ 宋旭光. 关于 EDP 核算思路的若干补充 [J]. 统计研究，2003，(12)：46 - 50.

续表

投入		中间产品		最终产品				总产出
		伐木业	建房业	总消费	总投资	净出口	总计	
初始投入	固定资本消耗	0	0					
	劳动报酬	a	$50-a$					
	生产税	0	0					
	营业盈余	200	0					
总投入		$200+a$	250					

由表 2 – 5 我们可以清楚地看到，如果自然资源的耗减价值进入国民经济总产值中，它肯定进入的是部门的最初投入。按照投入产出的基本原理，部门间的中间消耗必然是其他部门生产的产出，自然资源作为非生产资产是不能进入中间消耗的，因此自然资源的耗减价值进入的是部门的最初投入，各部门的最初投入总和为 GDP。表 2 – 5 只是"农夫王国"简单的投入产出表，对于现实中多部门的投入产出表，其结果也是相同的：假如 GDP 中包含资源的耗减价值，则其价值运动的途径只能是首先进入部门的最初投入，然后通过中间消耗逐步转移到社会最终产品中去，而不可能独立于部门的最初投入而直接进入中间消耗，从而进入 GDP。

对于，"GDP 中是否包含资源租金"问题，需要对"农夫王国"经济分不同的情况讨论。

情况二：森林作为自然资源，其价值部分明确，价值为 b 单位（b 有可能小于 200，也可能大于 200）。此时有：

$$伐木业增加值 = a + b$$

$$建房业增加值 = 250 - a - b$$

$$农夫王国的 GDP = (a + b) + (250 - a - b) = 250 \qquad (2-14)$$

表 2 – 6 为对应的农夫王国投入产出表（2）。

表 2 – 6　　　　　　　　农夫王国的投入产出表（2）

投入		中间产品		最终产品				总产出
		伐木业	建房业	总消费	总投资	净出口	总计	
中间投入	伐木业	0	$a+b$	0	0	0	0	$a+b$
	建房业	0	0	0	250	0	250	250

续表

投入		中间产品		最终产品				总产出
		伐木业	建房业	总消费	总投资	净出口	总计	
初始投入	固定资本消耗	0	0					
	劳动报酬	a	$50-a$					
	生产税	0	0					
	营业盈余	b	$200-b$					
总投入		$a+b$	250					

由此我们可以看出，无论自然资源在进入经济生产过程前其价值是否得到明确，GDP 的总值是不变的。同时，原来情况下伐木业的营业盈余数值与森林价值相等，建房业的营业盈余为 0，在情况二下，两个产业都有了营业盈余，并且经济的总营业盈余与森林价值相等为 200。在特殊情形下，$b=0$，即资源价值尚未明确，这时伐木业的营业盈余为 0，建房业的营业盈余为 200。

在现行国民经济核算中，企业最初投入包括固定资本消耗、劳动者报酬、生产税净额和营业盈余四个部分。固定资本消耗和劳动者报酬与资源租金没有关系，因此，我们着重讨论生产税净额和营业盈余，其具体构成如表 2-7 所示。

表 2-7　　　　　　　　　生产税净额和营业盈余构成

生产税	产品税	增值税
		进口税
		出口税
	其他产品税	一般销售税或营业税
		货物税
		特定服务税
		金融和资本交易税
		财政专营利润
	其他生产税	工薪或劳力税
		土地、房屋或其他建筑物定期税、资源税等
		营业和职业执照税
		固定资产使用税、其他活动税
		印花税
		污染税
		国际交易税

续表

营业盈余	生产收入	利息
		公司已分配收入
		外国直接投资的再投资收益
		属于投保人的财产收入
		地租
	生产利润	指在生产过程中所创造的利润

生产税是基层生产单位在生产、销售、购买、进口和使用货物或服务时向国家缴纳的税金，包括产品税和其他生产税两类。在生产税类中，与资源的利用与耗减有关的支出只有"资源税"。所谓资源税是指以各种自然资源为课税对象、为了调节资源级差收入并体现国有资源有偿使用而征收的一种税。显然，资源税是构成"资源租金"的一个组成部分。

在 SNA 中，营业盈余是收入初次分配第一阶段的剩余项或平衡项，其不是一个独立的分配项目[①]。营业盈余属于"收入分配"，因为构成营业盈余的大部分项目属于财产收入，而财产收入不管是"应收"还是"应付"都可能既对应于与本企业生产有关的资产，也对应于与本企业生产没有关系的资产。因此，财产收入属于"初次分配项目"，而不是"收入形成"或"最初投入"项目。在财产收入中与资源利用有关的支出是地租，SNA-1993 中，把"地租"定义为"土地和地下资产的所有者通过签订合同或租约将土地和地下资产交由其他单位支配，按照合同或租约的规定，资产的承租人或使用者支付给所有者的财产收入"。在实际工作中，往往把地下资产的承租人定期支付的款项称为特许权使用费。显然，地租与资源税的本质应该是相同的，都是资源的所有权在经济上的实现形式，只是根据资源所有者的性质不同所做的一种区分，即如果资源归国家所有，则称资源税，归其他机构单位所有，则叫地租，其本质都是为了体现自然资源的"有偿使用"。因此，和资源税一样，地租是构成"资源耗减价值"的一个组成部分。

营业盈余与财产收入之差为生产利润，笔者认为，其包含两个部分：一部分是企业通过自有的生产资本进行生产获得的利润，其大小为生产资本的价值

[①]　杨灿. 国民核算与分析通论 [M]. 北京：中国统计出版社，2005.

与资本报酬率的乘积；另一部分是自然资源投入生产过程中，其价值转移到企业产品中，而企业将其作为生产利润。将生产利润扣除生产资本报酬后的余额作为自然资源的价值，是基于这样的考虑：在情况二的"农夫王国"中，我们可以清楚地看到，无论自然资源价值是否被明确地估计，经济的总营业盈余为 200 单位，其不可能为生产资本创造的价值，因为在整个经济过程中只有劳动的投入，没有生产资本参与其中。根据核算的规则，计算出的营业盈余不是凭空产生的，它是将增加值扣除其他初始投入得到的，在这里也无所谓的"垄断利润"等，因此，其只能是某种参与生产的资源创造的价值，并且营业盈余的数值正好等于自然资源的价值。尽管"农夫王国"的例子只是现实经济的一个简单化的缩影，但其深刻地揭示了自然资源价值是如何进入 GDP 的。就此，笔者认为，"GDP 中是包含资源租金"，下面以实际统计资料为依据，利用现实数据对这一结论进行说明。SEEA－2003 推荐的两种"间接"计算资源租金的方法中，"基于 PIM 方法的间接推算法"和"基于资本服务流量的间接推算法"在本质上是一致的，只是对生产资本服务流量的处理方法不同而已。因此，仅对"基于 PIM 方法的间接推算法"进行检验，检验的基本思路概述如下。

（1）选取对比对象。为了检验"GDP 中是否包含资源租金"，由以上的分析可知，只需要检验"净营业盈余中是否包含资源租金"。如果研究对象是一国经济整体，其影响因素较多，不易分清，并且国与国之间的对比更为复杂，因此，用一国的行业作为研究对象。我国《国民经济行业分类标准（GB/T4754－2002）》采用"门类""大类""中类""小类"四级分类结构，从分析上考虑，自然是单位划分越细越好，但由于统计数据的限制，只能以"大类"作为研究对象。

在"基于 PIM 方法的间接推算法"中，资源租金是净营业盈余减去生产资产报酬后的剩余，生产资产报酬是资产总量与报酬率的乘积，因此，确定生产资产报酬的关键是确定资产报酬率。当前，关于生产资产报酬率的确定存在着不同的观点[①]。第一种观点认为，可采用参照法，如果一个产业使用了生产资产和自然资源，则选择一个具有相似业绩特征但只使用了生产资产的企业作为参照系，把后者的资产报酬率作为生产资产的报酬率。第二种观点主张把生产资产报酬视为获取生产资产存量的金融资本，认为可以用企业所发行债券的

---

① 联合国，欧洲委员会等国际组织编；丁肖强，王艳等译．环境经济综合核算［M］．北京：中国经济出版社，2005.

利息率或企业股票的报酬率来作为生产资产的报酬率。第三种观点更近于经济学观点，认为生产资产报酬应等于生产资产投资的机会成本，这种机会成本以投资于经济其他方面所形成的平均实际报酬率来估算，一般把建立在政府长期债券利息基础上的利息率作为生产资产的报酬率。出于检验的目的，本书采用第一种观点，选择不同的"大类"行业作为"观察组"和"对照组"进行检验分析。"观察组"的行业需要直接参与自然资源产品的开采，而"对照组"的行业只使用生产资产进行生产，因此，选择"石油和天然气开采业"和"纺织业"作为研究对象。

（2）构造统计量指标。根据"基于 PIM 方法的间接推算法"的基本思路，一个与自然资源开采利用有关的产业，核算资源租金的基本公式为：

$$资源租金 = 总营业盈余 - 固定资本消耗 - 生产资产报酬$$
$$= 净营业盈余 - 生产资产报酬 \qquad (2-15)$$

显然，如果在石油和天然气开采业的增加值中存在除"资源税"和"地租"之外的"隐性"资源租金，则利用"基于 PIM 方法的间接推算法"所测算的资源租金就一定是正数；而纺织业不直接参与资源产品的开采，只是对生产资产进行加工，则纺织业基于该推算法得到的资源租金应该等于零。因此，对于石油和天然气开采业和纺织业分别存在以下两个等式：

$$石油和天然气开采业：净营业盈余 = 生产资产报酬 + 资源租金$$
$$纺织业：\qquad 净营业盈余 = 生产资产报酬 \qquad (2-16)$$

鉴于研究目的，只需要比较这两个产业"净营业盈余"的大小对比关系，而不需要对其进行进一步分解。然而，由于石油和天然气开采业和纺织业生产规模和工艺流程不同，生产资产的规模和结构也不同，从总规模上看，这两个产业的生产资本报酬和净营业盈余存在很大差异，无法进行直接对比。为了消除由于生产资产规模的不同对净营业盈余的影响，分别用各自产业的"总资产"① 除以式（2-16），分别得到各产业的"总资产净营业盈余""总资产生产资产报酬""总资产资源租金"三个指标。

$$石油和天然气开采业：总资产净营业盈余 = 总资产生产资本报酬$$
$$+ 总资产资源租金$$

---

① 理想情况是将总资产中的投资资产扣除，包括短期投资和长期投资，但《中国统计年鉴》缺少二者的统计数据，并且石油和天然气开采业与纺织业的投资资产在总资产中所占比例很小，因此，直接采用"总资产"指标。

纺织业：总资产净营业盈余＝总资产生产资本报酬 　　　　　　（2－17）

根据经济学理论，在市场经济条件下，资本可以在所有行业之间自由流动，长期中，不同产业资本报酬率应该趋于相等。这样，如果在石油和天然气开采业的增加值中存在除"资源税"和"地租"之外的"隐性"资源租金，其"总资产净营业盈余"就一定大于纺织业的同类指标。对这一推论进行检验，如果通过检验实际统计资料能成立，则说明"GDP中包含资源租金"；如果检验不能成立，则说明"GDP中不包含资源租金"。

（3）统计资料的搜集与处理。检验中的统计数据全部来源于《中国统计年鉴》，但按行业分规模以上工业企业主要指标只提供了"工业增加值""资产总计""固定资产原价""固定资产净值年平均余额"等指标，其余指标均需根据相关指标进行推算。

计算固定资本消耗。按照 SNA 的要求，各年各产业的固定资本消耗应该按照"永续盘存法"进行计算。我国有统计固定资产投资资料，但有关固定资产投资价格指数的统计相对比较薄弱，只有固定资产投资总指数，缺乏各行业固定资产投资的"类指数"。因此，无法应用"永续盘存法"来计算各产业的固定资本消耗，只能采用近似方法进行估计，由固定资产原值、固定资产净值和累积折旧间的关系，存在式（2－18）：

固定资产累计折旧＝固定资产原值－固定资产净值 　　　（2－18）

这样，本年"固定资产累计折旧"与上一年"固定资产累计折旧"之差，就近似代表了本年的固定资产折旧，即：

固定资产折旧＝本年固定资产累计折旧－上年固定资产累计折旧

（2－19）

在历年的《中国统计年鉴》中，可得到"固定资产原值"和"固定资产净值年平均余额"两个指标，"固定资产净值年平均余额"是固定资产净值在报告期内余额的平均数。由于数据资料的限制，用"固定资产净值年平均余额"替代"固定资产净值"，来计算得到"固定资产折旧"，虽然计算的结果小于真实的折旧值，但不会有太大差距。

计算劳动者报酬。在《中国统计年鉴》中，1998～2004 年职工工资指标只有各"门类"的"职工平均工资"统计数据，"大类"及其以下各层次的行业均没有现成的资料可以利用。因此，检验中这些年的两个行业的平均工资只能用"门类"的平均工资替代，这是假设同一"门类"下不同行业的平均工资均相等。这虽然不能完全与实际情况一致，但在同一国家，同一"门类"之中的不同行业之间，其劳动者报酬的差异确实不大。

计算生产税净额。生产税净额是指生产税减生产税补贴，生产税的种类比较多，严格按照生产税的定义搜集资料难度较大。考虑到所研究的两个行业中，生产税的主要表现形式就是"增值税"，因此，用"增值税"来代替"生产税"。

总之，在计算各行业"总资产净营业盈余"的过程中，除了行业的"增加值"和"总资产"指标外，其余指标均为基于相关指标推算而得，推算的结果可能会有误差，但考虑到研究目的只是检验一个结论，而非计算"净营业盈余"本身，在相关指标的推算过程中所产生的误差同时存在于两个行业，因此，存在误差对最后的对比结果没有影响。

（4）两行业均值的对比。按照上述计算的步骤，利用《中国统计年鉴》所提供的资料，对所选取的两个行业的"总资产净营业盈余"进行测算，结果如表 2 - 8 所示，并将其图形化，如图 2 - 1 所示。

表 2 - 8			行业"总资产净营业盈余"统计				单位：%	
行业	1999 年	2000 年	2001 年	2002 年	2003 年	2005 年*	2006 年	2007 年
石油和天然气开采业	48.96	12.38	44.01	28.48	31.64	29.24	50.69	34.03
纺织业	18.43	9.04	10.44	10.42	11.33	11.93	21.95	24.02

注：*由于 2005 年《中国统计年鉴》中按行业分规模以上工业企业主要指标没有列出各行业的"增加值"，故无法计算该年的"总资产净营业盈余"。

资料来源：国家统计局. 中国统计年鉴 [M]. 北京：中国统计出版社，1998～2003，2005～2006.

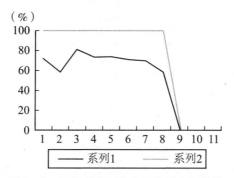

图 2 - 1 行业"总资产净营业盈余"统计

显然，在所观察的 8 个年份中，石油和天然气开采业的"总资产净营业盈余"都大于纺织业。

因此，石油和天然气开采业的"总资产净营业盈余"的均值大于纺织业的同类指标，我们有理由认为 GDP 中包含了除资源税和地租之外的"隐性"资源租金，即论证了"GDP 中是包含资源租金"。

综上所述，笔者认为，三种计算"资源租金"的方法是相通的，正如 SEEA-2003 中所述，是根据不同的情况采用的。如果自然资源归国家所有或归私人所有，其价值以"资源税"和"地租"的形式出现，我们就可以采用"拨付法"计算资源租金；如果自然资源的所有权尚未确立，其价值进入"营业盈余"中，我们就需要采用"间接推算法"。

2.3　自然资源资产账户

在 SNA-1993 中描述了这样一个资产账户，如表 2-9 所示，其将各种累积账户结合起来表现了资产负债表从期初到期末的变化。由于 SNA 主要关注经济生产过程，对于非金融资产，期初与期末资产负债表之间的变化大多显示在资本账户项目上，其资产其他变化账户只是简单地记录意外事件和归因于相对和绝对价格变化的重估价，资产变化核算的重点可以概括为：主要描述生产资产变化，非生产资产是次要的；关注于经济资产由于经济交易而产生的增减变化，把其他各种原因引起的资产变化笼统地归纳到"资产物量其他变化账户"和"重估价账户"来保持核算上的平衡。这样的设计，对于生产资产的核算是完整的、合理的，但对于非生产资产的处理显得过于片面，其大部分的变化都被归为其他物量变化，割裂了与经济过程的联系。

SEEA 扩展了资产的范围，这样可以像 SNA 的生产资产一样来编制非生产资产的资产账户，但需要将可能与经济过程有关的变化项目与纯粹的意外变化区分开来。SEEA 设计的环境资产账户作了以下调整：与 SNA 相区分，使用存量水平增加和减少概念来替代原来的经济出现和经济消失概念；在增加和减少类别中，区分不同增减因素带来的影响。这样形成的 SEEA 资产账户如表 2-12 所示。

表 2 - 9　　　　　　　　　　　　非金融资产的资产账户

		非金融资产	
		生产资产	非生产资产
期初存量			
资本账户	固定资本形成		
	固定资本消耗		
	存货变化		
	贵重物品获得减处置		
	非生产非金融资产获得减处置		
资产物量其他变化账户	非生产资产的经济出现		
	生产资产的经济出现		
	非培育性生物资源的自然生长		
	非生产资产的经济损失		
	灾害损失		
	无补偿没收		
	非金融资产等的其他物量变化		
	分类和结构的变化		
重估价账户	名义持有收益/损失		
	中性持有收益/损失		
	实际持有收益/损失		
期末存量			

资料来源：联合国等编，国家统计局国民经济核算司译．国民经济核算体系 1993 ［M］. 北京：中国统计出版社，1995.

在表 2 - 10 中，SEEA 将环境资产存量变化的原因归结为两类，一类是"归因于经济交易的变动"，另一类是"不能归因于经济交易的变动"，其包括了"存量水平的增加""存量水平的减少""其他变动"三类变化，具体内容如下。

表 2 – 10   SEEA 资产账户

	生产资产	自然资源存量				
		矿物和能源	水	生物资源		土地
				生产性	非生产性	
期初存量						
归因于经济交易的变动 　固定资本总形成 　存货变化 　固定资本消耗 　非生产资产获得减处置						
存量水平的增加 　发现 　因质量变化而再分类 　因功能变化而再分类 　自然增长						
存量水平的减少 　自然资源开采量 　因质量变化而再分类 　因功能变化而再分类 　非生产资产的环境退化						
其他变动 　灾害损失/无补偿没收 　生产资产退化 　名义持有损益 　分类和结构变动						
期末存量						

　　资料来源：联合国，欧洲委员会等国际组织编；丁言强，王艳等译．环境经济综合核算 [M]．北京：中国经济出版社，2005.

2.3.1　归因于经济交易的变动

　　"固定资本总形成"是指固定资产获得减处置，与环境资产相关的固定资本形成可分为三类：有形固定资产，形成了包括奶牛、取羊毛的绵羊以及果树、果园等环境资产；无形固定资产，包括矿物勘探；非生产非金融资产价值附加，如土地改良。"存货变化"主要是作为生产资产组成部分的生物资源存货而发生的，与环境资产相关的是培育性资产在制品。"固定资本消耗"是用于生产而产生固定资本价值的下降，固定资产的矿物勘探的成本费用也记录在这个项目下。"非生产非金融资产获得减处置"主要涉及土地或矿物、能源的购买和出售，以及无形非生产资产的获得减处置，如捕捞配额、排污权、开采许可的出售和购买等。

2.3.2　不能归因于经济交易的变动

"存量水平的增加"包括来自 SNA 资产其他变化账户的项目，即非生产资产的经济出现、非生产生物资源的自然生长和部分分类与结构变化。"发现"既包括已探明储量水平的总增加，还包括尚未证明的地下资产的发现和没有确认货币价值的生物资源的自然生长，后者是 SEEA 增加的核算内容，即使没有获得现实经济价值的环境资产，只要具有 SEEA 认可的价值类别，其发现和生长也被记录在该项目下。"因质量变化而再分类"和"因功能变化而再分类"反映环境资产因质量改变或用途改变而导致的资产增加，如耕地转作建筑用地，建筑用地的存量水平增加。"自然增长"指非培育性生物资源的自然增长。

"存量水平的减少"包括四个项目，其中"因质量变化而再分类"和"因功能变化再分类"与存量水平增加的项目对应，只是在这里记录为减少。"自然资源开采量"，在 SNA 中记录为非生产资产经济消失的一部分，包括自然资源的耗减、可开采地下资源水平的减少。"非生产资产的环境退化"包括经济活动导致的土地、水资源和其他自然资产的质量降级。

"其他变动"涵盖了所有不能归因于以上分类的资产存量变化。"灾害损失"包括地震、火山爆发、海潮、飓风、干旱、洪水和其他自然灾害的结果，以及战争、有毒物品溢出等人为侵害的结果。"无补偿没收"其发生在理论上可以像影响其他资产一样影响环境资产。"生产资产退化"指非经济原因造成的退化。"名义持有损益"仅对账户的货币价值产生影响，反映资产的价值变动。"分类和结构变化"不涉及资产物量和价值变动，是由于所有权变动导致资产所属范畴变动。

　　SEEA 通过构造这样的环境资产账户，将其核算框架内的环境资产在不同时点上的存量和期间的流量变化结合起来，对特定时期环境资产期初存量、期末存量、当期变化三者之间的动态平衡关系作了综合反映，不仅可以得到描述资产总存量的数据，更有意义的是，可以显示导致资产发生变化的不同原因，追踪资产增减的来源与去向。

　　根据计量单位的不同，资产账户可以分为实物型资产账户和价值型资产账户。运用实物计量单位对自然资源进行实物核算，可以提供带有具体意义的指标数据，但要对自然资源做综合加总，必须借助于货币单位进行价值核算，编制价值型自然资源资产账户。对于自然资源的估价在本节上述部分已经讨论过，在长期里，研究者更加关心自然资源的变动，因此，如何计算自然资源资产的持有损益，以及如何用不变价对自然资源进行估价成为值得研究的问题，下面将对其进行讨论。

　　对于自然资源资产而言，其名义持有损益对资产存量的实物量没有影响，影响的是价值量，已探明储量水平的增加以及开采量变化的两种情况而产生资源存量的变化，在资产账户中的"发现"和"自然资源开采量"两个项目中得到了反映。因此，对于同一自然资源，持有损益是由单位资源租金的变化引起的，因为开采量的变化不在这里考虑。从历史看，单位资源租金一年和一年不一样，根据自然资源估价的净现值法公式（2-1），进一步将其分解，用 rr、Q_t 分别表示单位自然资源租金率、自然资源开采量，则有：

$$Q_t R_t = rr \times Q_t \qquad (2-20)$$

　　此时，自然资源的名义持有损益为：

$$
\begin{aligned}
PV_t - PV'_t &= \sum_{t=1}^{T-1} \frac{R_t}{(1+r)^t} - \sum_{t=1}^{T-1} \frac{R'_t}{(1+r)^t} \\
&= \sum_{t=1}^{T-1} \frac{rr \times Q_t}{(1+r)^t} - \sum_{t=1}^{T-1} \frac{rr' \times Q_t}{(1+r)^t} \\
&= (rr - rr') - \sum_{t=1}^{T-1} \frac{Q_t}{(1+r)^t} \qquad (2-21)
\end{aligned}
$$

　　其中，rr' 为原来单位资源租金率。进而，用不变价对自然资源进行估价，就是用基期的单位资源租金率来计算各年不变价自然资源价值，亦可以构造自然资源价格指数 $\dfrac{rr_t}{rr_0}$（其中 rr 为各期单位资源租金率，rr_0 为基期的单位资源租金率），对各期的自然资源价值进行折算，这样得到不变价的自然资源价值量。

第3章

减轻自然灾害活动核算研究

自然灾害自人类诞生以来，伴随着人类社会发展，是除战争、动乱和人类发展导致的资源环境问题之外对社会发展的重大制约因素。自 20 世纪以来，自然灾害并没有因人类对其认识的加深而减少，成为人类社会是否能成功推进可持续发展战略的一个不可忽视的重要问题，为此，联合国将 20 世纪最后 10 年定为"国际减灾 10 年"，从而表达了国际社会对自然灾害的深切关注。中国自古以来就是世界上自然灾害严重的国家之一，减轻自然灾害作为 21 世纪议程的重要社会行动，是保障社会安全、促进经济发展的一项重要内容。本章研究的主题是如何将减轻自然灾害活动纳入环境经济综合核算的框架中，在认识自然灾害产生及特点的基础上，概括了防灾抗灾的活动内容，力图构建减轻自然灾害投入产出核算和收支核算框架。

3.1 自然灾害的基本概念

3.1.1 自然灾害的产生和概述

在人类生存的地球上，由于地球自身的变化和天体的影响，其整体和各个圈层处于不断的运动和变化之中，使人类赖以生存的自然环境时刻发生着或好或坏的变化，而当变化的程度超过一定限度，就会危及人类社会，造成人员伤亡和财产损失。自然灾害就以自然变异为主因造成的危害人类生命、财产、社会功能以及资源环境的事件或现象[①]。

与自然灾害相关的有两个概念，"自然变异"与"自然灾变"。由于自然界一直在不停地变化着，"自然变异"则是自然界的各种变化或异化的通称。而自然变异可大可小，但是如果超过一定限度就会使某种受灾体受到伤害或损失，这时的自然变异称为"自然灾变"。因此，自然变异、自然灾变和自然

---

① 高庆华，苏桂武，张业成，刘湛敏. 中国自然灾害与全球变化［M］. 北京：气象出版社，2003.

害是三个不同的观念，前两者属于自然界事物的变化或异化，是自然现象，对其的衡量是灾变能量的大小（或者灾变强度）和频次；而自然灾害尽管也是由于自然变异引起，其形成既与地球的运动和全球变化有关，又与社会的响应有关。在一般情况下，自然变异程度不超过社会承受能力，只能出现自然变异现象；但当自然变异程度超过社会承受能力时，则可导致人员伤亡和财产损失，成为自然灾害。自然灾害对象是人类社会的损失，衡量的标准是人口伤亡数量、受灾体损毁的数量和程度等。

从以上自然灾害的定义中可以看出，自然灾害的产生是自然变化与社会经济发展作用的结果，它既有自然因素又有社会因素，具有复杂双重属性特征。

3.1.1.1 自然灾害的自然属性

自然灾害是特殊的自然现象，自然变异和自然灾变是引发自然灾害的自然因素，是自然灾害形成的必备条件。从地球诞生之日起，曾出现过多次比现代自然灾害规模与程度大得多的火山爆发、岩浆活动、海侵与海退、气候剧变、生物灭绝以及陨石撞击等事件，只不过当时还没有人类，尚不能称为"灾害"，只能称为"灾变"而已。现代自然灾害是历史自然灾变的延续，仍是地球及其各个圈层发展演化的自然现象，故而自然属性是灾害的基本属性。

在致灾方面，自然环境与自然条件是各种灾害形成的主要原因或重要的背景因素。例如，天气的异常变化导致暴雨、洪水、风雹、寒潮等气象灾害；海水的异常运动导致风暴潮、海啸等海洋灾害。从更深层次看，地球岩石圈、水圈、气圈和生物圈的异常运动和变化，主要受地球运动的控制，很多学者认为地球运动状态特别是地球内部的变化和地球自转速度的变化是导致自然灾害发生的根本原因。

在承灾方面，自然灾害的严重程度除了取决于自然灾害的强度与频次外，还与受灾对象的条件密切相关。受灾条件除了包括承灾体的易损性和抗灾与减灾能力外，承灾体所处的自然环境也是一个重要方面。例如，一般在地势起伏较小的平原、盆地地区，常是洪涝灾害、干旱、农作物病虫害等灾害多发地区；而在地势起伏较大的山区，是山洪、崩塌、滑坡、泥石流等突发性较强的灾害多发地区。

3.1.1.2　自然灾害的社会属性

在自然灾害中受危害的人、财产、资源、环境等受灾体是造成灾害损失的社会因素，是其社会属性。而且随着人类活动的不断发展，对自然改造能力的迅速提高，自然灾害的社会属性越来越强烈。

从致灾方面来看，一方面，防灾工程与环境治理对自然灾害有着抑制或削弱的效果。人类诞生以后，为了生存与发展，一直与各种自然灾害进行斗争，其采取的措施多种多样，从减灾效果看，大致分为两个方面：一是削弱自然灾害的活动强度，减少活动频次，限制自然灾害活动规模或危害范围；二是保护受灾体或提高受灾体的抗灾能力，避免或减轻受灾体的破坏机会与损毁程度。前者属于主动性防治，例如，通过修筑水库、堤防，建立蓄滞洪区，人为调蓄与规范洪水；通过人工灌溉和人工增雨，减轻旱灾；实施锚固、抗滑桩、削坡等工程加固斜坡，防止崩塌、滑坡活动。后者属于被动性防治，在强化各种防灾工程的同时，开展了广泛的环境治理，例如，植树造林等生物环境建设；以大江大河治理为中心的陆地水文环境建设；地下水环境与水资源保护。在这些减灾措施中，人类主动性防灾工程以及区域性环境建设在一定范围内改变了自然动力过程，从而在一定程度上限制或削弱了一些自然灾害活动。

另一方面，人为破坏以及不科学的社会经济活动对自然灾害活动的激发起了促进作用。在社会经济发展进程中，为了自然的生存与发展，人类自觉或不自觉地向自然界无限制索取各种资源，并将越来越多的废物遗弃在地球表层，因此使生态环境恶化，导致多种自然灾害的发生和发展；此外，在人类历史上战争、动乱频繁发生，因此不仅使社会减灾废弛，而且有时为战争需要而毁林决堤，因此造成人为洪水甚至江河泛滥。

在承灾方面，人类及各种社会经济活动虽然作为一种致灾因素对自然环境变化及许多自然灾害活动产生影响，但其主要方面还是作为受灾对象承受各种自然灾害的危害①。

自然灾害对人类的危害方式主要包括四个方面。

第一，生命生活危害，造成人员伤亡以及灾民流离失所和生活困难，危害

---

① 科技部，国家计委，国家经贸委，灾害综合研究组编著．灾害·社会·减灾·发展［M］．北京：气象出版社，2000.

人类生命、健康和正常生活；

第二，财产经济危害，破坏各种工程设施及物资、物品，造成财产损失，并破坏农业、工业、交通运输等，造成经济损失；

第三，社会危害，阻碍社会进步；甚至影响社会稳定；

第四，资源环境危害，破坏国土资源与生态环境。

自然灾害的危害程度或破坏损失程度的大小除了受自然灾变程度影响外，与灾害影响区的社会经济条件密切相关。根据自然灾害的破坏效应，影响自然灾害成灾程度的社会经济因素主要包括受灾体类型、数量、密度、价值、对自然灾害的抗御能力或易损性、破坏后的可恢复性等。

随着人类社会经济的不断发展，受灾体种类越来越多。可大致分为四大类：（1）人。（2）人类创造的物质财富，主要包括房屋，供水、供电、供气、通信等生命线工程，铁路、公路、码头、桥梁等交通设施，水利工程设施，工厂、生活及生产构筑物，设备、仪器仪表、工具、材料、生产生活物品，文物、古迹，畜禽、养殖品、农产品，农作物、林木、花卉等。（3）人类生活及社会经济活动，包括工业生产、农业生产、交通运输、文化教育、科学研究、商业贸易、军事活动等。（4）资源环境，包括水、土地、生物、矿产、海洋、旅游资源与生态环境等。

一般情况下，在灾害危害区内受灾体的种类越多，密度越大，价值越高，则对自然灾害的抗御能力越差，被灾害损毁后的可恢复性越差，所造成的破坏损失越严重，即成灾程度越高。从更高层次分析，受灾体的类型、数量、价值等因素是一定社会经济的产物。在区域上，社会经济不发达的地区，一般人口稀少，各种工程设施密度低，产业及其他社会经济活动不发达，因此自然灾害所造成的破坏损失较小；相反，在社会经济发达地区，一般人口、城镇及各种工程设施密集，工业、农业、交通运输业等产业活动发达，自然灾害的破坏效应和危害范围广，所造成的破坏损失严重。

自然灾害的时间分布也受社会经济条件的强烈影响。不同时期社会经济发展水平不同，承灾条件不断发生变化。在经济比较落后、生产力比较低的时期，受灾财产比较少，价值比较低，而且产业活动主要是传统的农业生产，所以自然灾害的破坏损失比较小，但由于经济基础比较薄弱，所以自然灾害的相对损失或自然灾害对社会经济的冲击程度却比较大；随着社会不断进步和经济不断发展，生产力水平不断提高，不但承灾财产数量和价值增加，而且产业活动越来越广泛，因此自然灾害的破坏损失越来越强烈，但由于社会经济基础越来越雄厚，所以自然灾害的相对损失以及自然灾害对社会经济的冲击作用却越来越小。此外，受灾体的易损性和社会承灾与减灾能力是影响灾害损失程度的重要因素，有效的减灾行动可以提高承灾能力，并有效地减少灾害损失，降低成灾程度。

从更广阔的领域看，自然灾害与社会经济之间不仅有直接的互馈作用，而且有深远的相互影响。直接作用是自然灾害危害社会稳定与经济增长；人类活动削弱或加剧自然灾害活动。相互之间的深远影响是自然灾害阻碍社会进步和可持续发展，社会政治经济对自然灾害产生"缩小"或"放大"效应。社会经济基础雄厚，减灾得力可以减少灾害损失，迅速恢复灾区生活、生产，"缩小"灾害影响；社会经济基础薄弱，甚至政策失误，减灾无力，则常常"放大"灾害效应，甚至激化社会矛盾，导致天灾人祸并行，引起巨大灾难或社会动荡。

对于以上自然灾害的认识，是随着人口和社会经济的不断增长，人类发展与环境和灾害的矛盾日益突出而发展的。在早期大量研究成果中，一般人都把地震、洪水、台风、滑坡、泥石流等自然现象称作自然灾害，研究它们的形成条件、活动规律和防治措施。人们认为，灾害是地球物理过程的极端事件，由于这种意识的存在，灾害的学术研究和环境政策大多集中于自然属性上，多从其内外影响因素入手，着重考察其形成机制和诱发条件，这就导致了灾害预报和改变灾害影响的技术介入成为灾害管理的主导。然而 20 世纪以来，全球因灾难造成的人类生命和物质财产的损失并没有因人类认识自然的进步而减少，这种现象是传统的自然灾害理解范式不能解释的。同时人们也发现，类似强度的自然灾害，在不同的社会经济背景下，其后果差异很大。一些社会学家在 20 世纪 70 年代就开始怀疑传统的自然灾害的理解范式，他们认为虽然洪水、地震等现象是自然过程，但与它们有关的灾难不是自然的，为了理解灾难，人们有必要把眼光集中于社会过程，从社会学的角度去认识自然灾害，揭示灾害与社会的内在联系，我国许多学者进行了很多的探讨，认为自然灾害并不是单纯的自然现象，而是自然动力活动作用于人类或者二者相互作用的自然社会现象，这种观点已经成为许多人的共识。

3.1.2　自然灾害的类型及特点

全球发生的自然灾害，种类多，数量大，分类复杂，灾害形态各异。对自然灾害的分类有多种方案，其中包括了不同的分类原则、标准和分类要求，同时也包含着对灾害本质在认识上的差异。同时，对灾害的确认和分类还与一个国家内某种灾害的发生频度，该国的经济和科学技术水平，以及由此所决定的抗灾能力有关，故至今尚无统一方案。人们习惯上以自然灾害发生的主导因素（地理属性）为依据，把自然灾害划分为四大类①。

第一，气象气候灾害，由大气圈（近地表大气）变异引起的寒潮、冰雹、热带风暴、台风、沙尘暴、龙卷风、干热风、暴雨、霜降、干旱等。

第二，地质地貌灾害，由岩石圈（地壳中和地表）变异活动引起的地震、火山喷发、地裂缝、塌陷、滑坡、泥石流、崩塌等。

第三，水文海洋灾害，由水圈（陆地水、海洋水和大气水）变异活动引起的江河泛滥、泥沙淤积、风暴潮、海啸、厄尔尼诺、拉尼娜现象等。

第四，生物灾害，由生物圈（动物、植物和微生物）变异活动引起的植物病虫害、天然森林火灾、植被退化、生物灭绝等。

此外，宇宙空间和太阳系的一些天体的特殊运动现象也会对地球和人类社会构成不同程度危害，即天文灾害（星灾），如宇宙射线、太阳辐射异常、电磁异爆、陨石冲击等。

自然灾害的分类是一个很复杂的问题，根据不同的考虑因素，可以有许多不同分类方法，如：

（1）按灾害波及的范围可分全球性和区域性灾害。（2）按灾害的持续时间可分为长期性、季节性、暂时性和突发性自然灾害。（3）根据灾害出现时间的先后可分为原生灾害（最先出现的，也称主发灾害）和次生灾害（原生灾害诱发的，也称从属灾害）。（4）按灾害过程及发生体的物理状态可分为固体灾害（地震、荒漠化、雪崩）、流体灾害（洪水、暴雨）、气体灾害（地气、大风）。（5）按灾害程度可将各种灾害分为轻重不同的等级，也可对多种灾害进行综合分级。

石辉、彭珂珊在《我国主要自然灾害的类型及特点分析》② 一文中，将我国发生的 40 多种灾害按成因划分为六大类，又按不同表现方式划分为 44 个种类。

---

① 教宣. 自然灾害有几种形式 [J]. 防灾博览, 2000, (1)：17 – 18.

② 石辉，彭珂珊. 我国主要自然灾害的类型及特点分析 [J]. 河北师范大学学报, 1999, (4)：561 – 567.

（1）地质灾害，包括地震、崩滑流、水土流失、沙漠化、盐碱化、塌陷、地面沉降、地裂缝、坑道突水、河港淤积、软土变形、火山、瓦斯、冻融、地方病。（2）气象灾害，包括干旱、洪涝、干热风、霜冻、台风、雹灾、尘暴、寒潮、湿害、白灾。（3）环境灾害，包括废气污染、废水污染、废渣污染、农用化肥物质流失、公害病。（4）火灾，包括森林火灾、草原火灾、一般火灾。（5）海洋灾害，包括风暴潮、海浪、海冰、赤潮、海面上升、海水入侵、海啸。（6）生物灾害，包括病害、虫害、草害、鼠害。

马宗晋等在《我国自然灾害的经济特征与社会发展》[①] 一文中，根据我国抗灾救灾工作的多年实践，按照抗灾救灾工作实行中央与省（直辖市、自治区）、地（市）分级管理的原则，把自然灾害分为特大灾害、大灾害、中灾害和小灾害四级。表 3 - 1 中关于省（区、市）的分类，是按其年财政收入的大小，并参考灾损财政比确定的。其根据 1985 ~ 1993 年的资料，分类结果如下：I 类重灾害省（区）为西藏、安徽、海南、江西、陕西、青海、贵州、宁夏、内蒙古、福建；II 类较重灾害省（区）为广西、四川、湖南、湖北、新疆、甘肃、山西、河南、河北、山东、江苏、天津、吉林；III 类轻灾害省（市）为浙江、黑龙江、广东、云南、辽宁、北京、上海和中国台湾。

张俊腌、彭珂珊《论自然灾害防御的理性措施》[②] 一文中指出，许多研究资料表明，在引致生态恶化和环境灾害的诸类因素中，人为因素所占比例高达 60% ~ 80%，并且仍在继续增长。根据人类活动作用于自然体对引发自然灾害的可能程度，也即自然灾害发生中人为因素所占份额的高低，将自然灾害分为三类，即高度人为型自然灾害、中度人为型自然灾害和轻度人为型自然灾害。不同的类型，包含不同的灾种。

首先，高度人为型自然灾害，人类活动不当作用于自然体是引发这类灾害最直接的原因，在引发因素的排序打分中可达 85% 以上。其主要灾种有：三废污染、化工产品污染、植被破坏、水土流失、土地沙化、土壤盐碱化等。这类灾害一般与人的生存环境密切相关，人类往往由于认识上的局限，加上急于改善自身的环境，如采用过度的资源消耗行为，不当的经济发展措施，从而成为诱发这类灾害的直接原因。

[①] 马宗晋，杨华庭，高建国，姚清林. 我国自然灾害的经济特征与社会发展 [J]. 科技导报，1994，(7)：61 - 64.

[②] 张俊腌，彭珂珊. 论自然灾害防御的理性措施 [J]. 宝鸡文理学院学报，1996，(6)：50 - 53.

表 3 - 1   自然灾害等级与指标

指标		特大灾害 （一级灾害）			大灾害 （二级灾害）			中灾害 （三级灾害）			小灾害 （四级灾害）		
		Ⅰ类省	Ⅱ类省	Ⅲ类省	Ⅰ类省	Ⅱ类省	Ⅲ类省	Ⅰ类省	Ⅱ类省	Ⅲ类省	Ⅰ类省	Ⅱ类省	Ⅲ类省
主要社会指标	死亡人口	≥1000			250～999			50～249			0～49		
主要经济指标	经济损失（亿元）	≥15	≥50	≥100	2.5～14.9	10～49.9	25～99.9	0.5～2.4	1.5～9.9	4～24.9	0～0.4	0～1.4	0～3.9
	倒塌房屋（万间）	≥5	≥18	≥26	1～4.9	3.5～17.9	5～25	0.5～0.9	0.5～3.4	1～4.9	0～0.4	0～0.4	0～0.9
辅助经济指标	灾损财政比	>100	—	—	40～99	—	—	15～39	—	—	<15	—	—
	粮食减收（%）	>20	>22	>24	12～19	14～21	16～23	4～11	6～13	8～15	<4	<6	<8
	损减粮食（万吨）	≥200	≥250	≥275	50～199	60～249	70～274	10～49	20～59	25～69	0～9	0～19	0～24

资料来源：马宗晋等. 我国自然灾害的经济特征与社会发展 [J]. 科技导报，1994，（7）.

其次，中度人为型自然灾害，自然本身的运动有其内在的规律，当人外力的不当活动作用在自然体时，往往打破了自然体的内部平衡，使自然体内自组织能力得到弱化而产生变异，偏离了其原有的运行轨迹而发生的灾害，它是人为因素与自然因素迭加合成的复合运动的结果。主要灾种有：地裂陷、地面沉降、泥石流与崩滑塌、病虫草鼠害等。

最后，轻度人为型自然灾害，这类灾害主要是由于自然体内部的变异而产生，在正常情况下，人类不当的社会经济行为对这类灾害发生的影响较弱或较为缓慢。其主要灾种有：地震，气象灾害包括干旱、洪涝、风暴潮、低温冻害等。

自然灾害形成的主要原因是地球及其各个圈层物质的运动及变异，同时人类活动与社会经济发展也对自然灾害形成过程及成灾结果产生多方面的影响，因此自然灾害具有以下突出特点。

3.1.2.1　自然灾害的必然性

从根本上看，自然灾害是由自然灾变引起的。自然灾变是由于地球能量和物质结构不均衡，导致能量转移或物质运动以及地球气、水、岩石、生物各个圈层的物质运动能量变化和物质与能量的相互交换而引起的。在灾变发生后，能量和物质得到调整，达到了平衡；但是这种平衡是暂时的、相对的，在地球自身变异与天体活动的影响下，在实现平衡过程中由于新的物质和能量变化使新的不平衡又同时产生，一次新的灾变又开始孕育发展。自然灾变活动是伴随地球运动、与地球共存的自然现象，这种活动自人类出现以后即危害着人类的生存与发展，导致人员伤亡和财产损失，造成自然灾害，并伴随着人类的发展，对社会经济起着制约作用。因此，自然灾害是与人类共存的、必然的、不可避免的自然现象。

3.1.2.2　自然灾害的随机性和不规则的周期性

自然灾害活动是在多种条件作用下形成的，既受地球动力活动控制，又受地球各圈层物质性质、结构和地壳表面形态等因素影响；既受地球自然条件控制，又受天体活动影响。因此，自然灾害活动的时间、地点、强度等具有很大的不确定性，是复杂的随机事件。自然灾害的随机性，一方面表现了其自然特征，另一方面也反映了人类对自然灾害的认识程度。

随着科学技术的发展，人类对自然认识水平的不断提高，可以揭示更多自然现象的规律，缩小随机事件的不确定性程度。人们发现自然灾害在具有随机性的同时，还有复杂的不规则的周期性。如火山爆发、地震和特大干旱往往以百年为尺度，特大洪涝灾害则以几十年为周期，而肆虐近海广大地区的台风和风暴潮，一年内就要发生几次至十几次。这种特性既可以由一种自然灾害发生的韵律性反映出来，又可以由多种自然灾害韵律周期的相近性反映出来。有关研究成果表明，自然灾害复杂的不规则的周期性是由地球运动的周期性、多种天体（主要是太阳和月球）运动与变化的周期性共同影响决定的。

3.1.2.3 自然灾害的突发性和渐变性

作为地球系统的一种自发演化过程，灾害在发生之前都有时间长短不一的孕育期，用来积累或转换能量，以打破系统原有的平衡和稳定性。由于灾害的成因机制和涉及的影响因素不同，这一阶段少则几天，多则几年到几百年，甚至更长时间。突发性的灾害是当地球各圈层的能量积累到一定程度后突然释放爆发而形成的，一般强度大、过程短、破坏严重，但影响范围相对较小，如地震、火山、崩塌等。渐变性灾害的特点是能量的积累与释放往往有一个相当长的时间，虽然在一个较短时间内其强度不高，破坏力不大，但往往持续时间较长，而且不断发展累进，所以危害面积大、时间长，因此对人类社会的影响常常更为深远、严重。如水土流失、土地荒漠化、海水入侵、地面沉降等。

3.1.2.4 自然灾害的联系性和系统性

各种自然灾害既具有各自形成、发展、致灾的规律，各灾害之间以及它们与其他因素之间又有一定的关联性。许多自然灾害尤其是范围广、强度大的自然灾害，在其发生、发展过程中，往往诱发出一系列的次生灾害与衍生灾害，因此形成多种形式的灾害链。此外，在一些地区的某一时段内还往往有多种自然灾害丛生、集中出现，这种众灾群发的现象称为灾害群。

有联系的自然灾害组合而成的总体称为自然灾害系统。自然灾害整体系统的形成，主要受控于地球及各个圈层的整体运动和相互作用，以及太阳等天体的影响和作用。各种自然灾害及其诱发的次生灾害与衍生灾害，均为这个整体系统中不同层次、不同性质的构成部分，自然灾害系统在发生和发展过程中对人类社会造成一定的影响，人类社会经济活动又反馈于自然灾害系统，二者共同促进自然环境的变异；而自然环境的变异对人类的生存和活动、自然灾害的形成和发展，乃至地球及各个圈层的变化又进行着反馈作用和影响。

3.1.2.5　自然灾害的阶段性和区域性

人类活动及社会经济条件作为一种不可忽视的致灾因素，影响多种自然灾害的形成和发展，因此在很大程度上决定了不同时期自然灾害的损失程度及成灾特点，自然灾害随社会经济变化存在着一般规律。在社会落后、经济不发达的情况下，自然灾害频繁而又严重，造成的人口伤亡数量大，绝对经济损失较小，但相对损失大，自然灾害对人民生命健康和生活、生产危害大，对社会经济冲击严重；在社会进步、经济发达的条件下，自然灾害的破坏效应广，受灾人口数量增多但所造成的人口伤亡数量少，绝对经济损失大，但相对经济损失小，强度较小的一般性自然灾害的威胁减小，主要是各种大灾巨灾威胁。

同时，自然灾害随着社会经济区域变化也存在着一般性规律。自然灾害与社会经济的依存关系主要表现在以下方面：一般情况下，经济发达地区自然灾害种类增多，除地震、台风等灾害外，因超强度开发资源，引起地面沉降、海水入侵等多种人为自然灾害，因此，灾害的"自然动态"相对削弱，"人为动态"相对增强。经济发达地区人口、城镇、财产密集，产业集中，自然灾害的承灾面广，受灾机会多，因此造成的受灾人口、死伤人口、财产破坏、直接经济损失、间接经济损失大，但由于其经济基础比较雄厚，所以相对破坏损失较小。另外，经济发达地区减灾能力比较强，防灾力度比较大，特别是对各种常规性的多发灾害的防治有效度比较高，但尚难以有效地防御特大洪水、大地震等巨灾袭击，因此巨灾风险高。

3.1.3　我国的自然灾害和防灾抗灾

中国位于大陆与海洋的结合部，东濒世界最大的太平洋，西靠全球最高的青藏高原，南处于世界最强大的环太平洋构造带与特提斯构造带交汇处，南北跨越 50 个纬度，生态环境多变。同时我国又是人口众多、社会经济和科学技术比较落后的农业大国，承受灾害的能力较低，所有这些叠加在一起，形成灾害类型多、频度高、强度大、影响面宽，成为世界上自然灾害危害严重的国家之一。

我国地域辽阔，不同地区自然条件和社会经济条件差异很大，形成自然灾害种类、活动强度和破坏损失程度在各地区变化很大的情况，从总体上可分为东部和西部两大区域。东部区域城镇、财产密集，工业、农业、交通运输业等发达，人类活动多，又为大江大河中下游和沿海地区，地貌类型多样，有平原、丘陵、山地、高原等，海陆相互作用强烈，降水比较丰富，暴雨频繁，新构造活动比较强烈，在自然灾害种类多的同时，灾害的破坏作用广泛，直接损失和间接损失都十分严重。西部区域社会经济发展相对缓慢，人口、城镇、财产密度较小，为大江大河上游，主要地貌为高原、山地和内陆盆地，大部分地区气候干旱，突发性自然灾害种类比较少，主要是旱灾和水土流失、土地沙漠化等环境型灾害，因此自然灾害的经济损失明显低于东部区域，自然灾害的危害更主要的是对国土资源和区域环境的破坏。

社会发展中"加正"（经济增长）与"减负"（减少损失）都是重要的。自然灾害是社会经济发展的制约因素，减轻自然灾害必然是社会经济发展的推动力量，事实也正是如此。新中国成立以后，党和政府高度重视减灾事业，在各方面进行了大量工作，有效地保护了人民生命财产安全，减少了灾害损失，不但促进了人民的安定生活和社会经济发展，而且创造了丰富的减灾理论和经验。为了抗御严重的洪水灾害，从 20 世纪 50 年代开始，我国政府就致力于大江大河的防洪工程建设，先后对海河、滦河、黄河、淮河和长江等进行治理，并大力开展农业病虫害防治工作；60 年代以后，开始进行海洋灾害和地震监测、防治；70 年代以后开始对滑坡、泥石流以及地面沉降、地面塌陷等地质灾害进行防治；80 年代以后，伴随改革开放的不断深入和社会经济持续快速发展，综合减灾能力不断增强。据初步统计，减灾投入与效益之比为 1 : 10 或更多，"减负等于加正"[①]，可见减灾与增长具有同样重要的价值。如果再考虑到减少人的伤亡，那么减灾的意义就更加重大。从这个意义上讲，减灾与发展

---

① 张梁 . 减轻地质灾害与可持续发展 [J]. 地质灾害与环境保护，1999，（2）：1 - 5.

都是有关社会经济繁荣的重大问题。

　　通常人们把提高抗灾能力的人类活动称为减灾，包括缩小灾害的影响范围，降低其发生频率和致灾强度，以减轻受灾后果的各种努力。而各种自然灾害相互联系构成自然灾害系统，影响到社会的方方面面；减轻自然灾害的各项措施是相互衔接紧密配合的，需要社会各部门、各地区、各学科、各阶层的协调行动。因此，减轻自然灾害是一项社会系统工程。

　　减灾系统工程大致由减灾行动以及减灾管理和减灾研究三个子系统组成，其中减灾行动子系统是减灾的中心，研究子系统是实现减灾科学化的基础，管理子系统是有效地组织实施减灾行动和减灾研究的直接保障，如图 3 - 1 所示。

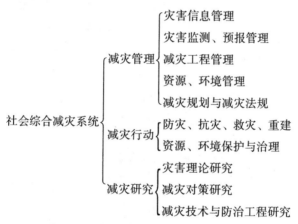

图 3 - 1　中国社会综合减灾系统示意图

　　资料来源：科技部，国家计委等编．灾害·社会·减灾·发展 ［M］．气象出版社，2000.

　　由于现代减灾是一项系统工程，所以社会综合减灾能力的高低主要取决于社会减灾系统结构与实际功能的完善程度，即减灾研究、管理水平及减灾行动的有效程度。而减灾系统的运行能力和有效程度受控于直接抗灾能力和基础抗灾能力的高低。直接抗灾能力由工程抗灾能力和非工程抗灾能力两方面组成。工程抗灾能力指由各种工程性措施所形成的减灾效能。主要包括由水库、堤防、灌区、机井、排水等水利工程形成的防洪和抗旱除涝能力；由工程设防标准等形成的防震减灾能力等。非工程减灾能力是指由灾害监测、预报、应急反应、组织管理等非工程性防灾、抗灾、救灾措施形成的减灾能力。基础抗灾能力是指由经济发展水平决定的社会减灾基础支撑能力，主要包括国内生产总值

及其组成；财政收入；人均国内生产总值、城乡居民个人收入；科技发展水平
及其对减灾的支持能力等。如图 3 - 2 所示。

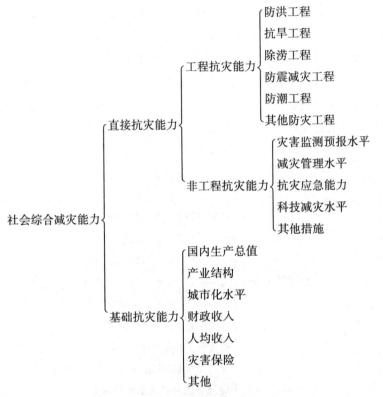

图 3 - 2　社会综合减灾能力构成示意图

资料来源：科技部，国家计委等编．灾害·社会·减灾·发展［M］．北京：气象出版
社，2000.

　　如前所述，新中国成立以来虽然减灾工作取得了历史上前所未有的巨大成
就，但仍存在许多不足，远不能适应社会经济发展的需要。从根本上看，中国
是一个发展中国家，社会经济和科学技术水平不高，产值和财政收入较低，国
家和个人抗御自然灾害的能力有限，这些决定了中国减灾总体能力仍处于较低
水平。同时，目前我国自然灾害的监测预报水平和减灾管理、减灾科技、灾害
保险水平仍处于兴起发展阶段，不但落后于发达国家，而且也不能适应社会经
济发展需要。由于自然灾害对我国社会的影响远远大于发达国家，自然灾害已
成为我国能否成功推进 21 世纪可持续发展战略的一个不可忽视的重要问题，

减灾作为 21 世纪议程的重要社会行动，是保障社会安全、促进经济发展的一项重要内容。

3.2　减轻自然灾害活动核算框架

3.2.1　减轻自然灾害活动的性质与范围界定

从一般意义上说，环境是指围绕所研究事物的客观存在，或者说是该事物周围情况和条件的客观总和。因此，环境总是相对某一特定中心而言的，由于所要研究的是人类生存与发展环境，所以凡是对人类生活、生产以及发展产生影响的各种因素均可理解为环境。环境经济综合核算是着眼于经济与环境的关系所进行的核算，从根本意义看，这里所说的经济，是指人类所建立的经济体系；所指的环境，是与人类经济体系对应存在的自然体系。由此，经济与环境的关系就是指经济与其环境的关系，也就是人类经济活动与自然环境之间的关系[①]。

从人类生存和发展的历史来看，是不断利用、影响、驾驭、改造自然环境以提高自身福利水平的历史，在自然体系上，人类建立了经济体系，通过对自然不断索取来实现人类自己的目的，也就是说人对自然环境的利用、影响、驾驭、改造能力主要是通过经济体系来实现的，人与自然的关系就转化为经济活动与自然体系的关系。从存在范围来看，自然体系是经济体系赖以存在的环境因素。

自然灾害是自然环境的某些激变对人类社会作用的结果，环境与灾害同生相伴，有着十分密切的交融与互馈关系[②]。

首先，环境是不断变化的动态系统，地球诞生以后，随着地球运动与演

---

① 高敏雪. 环境保护宏观核算理论与方法 [M]. 北京：中国统计出版社，2004.
② 马宗晋. 灾害学导论 [M]. 长沙：湖南人民出版社，1998.

化，不断发生气候冷暖、大陆漂移、海水进退等多种形式的变化。在复杂的环境变迁中，生物长时间的演化，以及种属的更替往往与环境灾害有关，而人类在环境演化中成长发展，同时又自觉与不自觉地改造着环境。这一进程，既彼此协调，又相互矛盾。环境系统的异常变化对人类的影响是非常复杂的：某些变化可能有利，某些变化可能有害，某些变化则可能利弊共有。但总体上看，其主导作用是危害人类的生存与发展。这是因为，在漫长发展过程中，经过不断进化，人类已基本适应了现存的环境系统，当环境发生变化时，人类就必须调整自己，以适应新的环境；而一旦环境发生的变化超过人类的调整能力，人类就将发生挫折，甚至遭受灾难，这即成为人类的灾害。环境系统的不稳定性或异常变化主要起源于地球各圈层物质和能量的分布不均以及因非协调运动而发生的异常积聚与释放，引起这些变化的动力主要是伴随地球运动的内动力和外动力，其次是人类产生的动力活动。任何自然灾害，无论是过程非常短暂的突发性灾害，还是活动过程缓慢的累进性灾害，都是在一定的环境背景下，经过一定的孕育发展过程才形成的。环境是自然灾害活动的背景和基础，自然灾害是环境异常恶化的集中表现。

其次，自然灾害与环境都是复杂的动态系统，环境恶化必然使自然灾害加剧，由此又引起环境的进一步恶化，如此恶性循环，直至环境功能的崩溃。例如，泥石流灾害与区域环境的互馈作用非常明显。我国泥石流灾害主要分布在山地和高原的裙边地带，这些地区地形陡峻，暴雨强烈，植被过度采伐，导致水土流失严重，强烈的泥石流活动进一步加剧了水土流失和植被破坏，使生态环境进一步恶化，又促使泥石流再一次加剧。自然灾害对环境的反作用除导致原生灾害的不断发展外，许多灾害引起的环境变化还可以造成比原生灾害更加严重的次生灾害，如强烈的火山爆发可以引起全球性气候变化，从而导致大面积的气象灾害。因此，自然灾害与环境是互馈消长的。

最后，减轻自然灾害是一项需要多方面相互配合的系统工程，在这一系统中，一方面，对自然灾害实施直接性预防治理措施，以限制灾害活动，保护受自然灾害危害的受灾对象，减少破坏损失；另一方面，从更广泛的领域保护和治理环境，从根本上削弱自然灾害活动的基础，甚至消灭灾害产生的根源，遏止自然灾害活动。减轻自然灾害与环境治理需要互相协调，只有这两方面相互协调，才能取得充分的减灾效果。

在联合国《环境经济综合核算体系（最后草稿）》SEEA - 2003 中，将所研究的环境活动按目的分为四种活动：环境保护活动、自然资源管理和开发活动、环境受益活动、自然灾害最小化活动。自然灾害最小化活动的定义是使自然灾害及其影响最小化的支出和活动，其显然归属于环境活动，属于环境与经济框架。由概念可知，SEEA - 2003 的自然灾害最小化活动即为前文所说的减轻自然灾害活动。"自然灾害最小化"是由英文"minimization of natural hazards"直译过来，按字面理解就是把自然灾害造成的损失控制到最低程度，由于所谓的最低程度的基准具有不确定性，是把自然灾害造成的损失完全消除，还是相比不采取行动造成的损失小，但小到什么程度都不明确，因此对"最小化"概念的理解是一个技术性比较强的问题，导致"自然灾害最小化"这一概念也难以准确把握，容易产生误解是要衡量减少的损失。基于此，笔者认为，相比"减轻自然灾害活动"，"自然灾害最小化活动"称法不仅拗口，而且容易误解，所以本书所研究的"减轻自然灾害活动"即是 SEEA - 2003 中所说的"自然灾害最小化活动"，只是名称的替换，不改变其内涵，为了简便，在文中有时简称为"减灾活动"。

　　与上一节自然灾害的概念相对应，减轻自然灾害的概念需要对"灾害"加以明确。通常所说的"灾害"是泛指一定时空中发生的，对所有造成人类生命财产损失或资源破坏的自然和人为现象的总称，因此，"灾害"同样是对人类和人类社会具有危害后果的事件，具有社会属性。与自然灾害的概念对比可知，受自然灾害的自然属性限制，其活动的范围应该仅限于自然变异引发灾害，而不是笼统地减轻灾害活动。这就意味着，对所谓人为引发的灾害的减灾活动应该谨慎处理，如果不是与自然变异具有联系，原则上应该将其排除在减轻自然灾害活动范围之外。比如，过量开采水资源使地表水体萎缩，地下水位下降，造成地面塌陷，此时采取救治活动应属于减轻自然灾害范畴内，因为尽管是由于人为过量开采引发，地面的塌陷是逐步的自然环境变异结果，与自然环境相关；而改善公共设施，防止踩踏事件发生就不属于减轻自然灾害活动。

　　对减轻自然灾害活动的认识，还需要将其与环境保护活动相区分。在 SEEA - 2003 中，环境活动是指那些降低或消除了环境压力的活动和致力于自然资源更有效利用的活动。环境保护活动作为环境活动的重要组成部分，是以环保为主要目的，避免由经济活动引起的环境负面效应的活动。这与减轻自然灾害活动有很大的不同，理由有：第一，二者的目的不同，尽管从长远看二者都是为了人类社会的可持续发展，但环境保护活动目的是保护环境免受经济的影响，而减轻自然灾害活动是保护经济免受环境的影响。第二，二者触发点不同，自然灾害是由于自然变异引发的，不以人的主观意志而改变，而环境保护活动主要是由于人类社会发展产生对环境的不利影响，而需要对环境进行保护。第三，自然灾害对人类、社会造成极大的伤害，防灾减灾活动是为了减少或抵消这种环境负面效应，而环保活动更多的是为了保护环境，让其更好为人类服务，是保障或延续环境的正面效应。由此，在原则上，减轻自然灾害活动和环境保护活动共属于环境与经济关系框架内，但对二者进行核算需要加以区分。

减轻自然灾害活动存在于经济体系中，是以经济活动过程中生产、分配、消费、投资形式出现，它与经济体系中其他活动有着复杂而密切的联系。作为生产活动，从事减灾活动的单位构成减灾产业，提供减灾产品，满足了集体、个人的减灾需求。与一般的经济过程相同，减灾产业提供产品的同时创造了价值，这些价值以不同的方式进行分配，产生了收入分配的行为。与减灾生产对应，减灾活动中存在着消费行为，由于减灾活动的特殊性，常常不是由个人、家庭和企业直接进行私人消费，而是由政府作为代表，体现公共消费的性质，如自然灾害的监测活动。对于减灾活动发生的投资行为，如为监测地震而购置的设备和进行防洪堤建设，当前大部分的投资资金来自政府部门的拨款，少量来自社会集资、企事业单位投资，这些投资活动形成了金融交易。

综合大部分自然灾害的减灾工作，减轻自然灾害活动和支出主要包括以下内容。

（1）监测。自然灾害的监测是减灾工程的先导性措施，通过监测提供数据和信息，从而进行示警和预报，甚至据此直接转入应急的防灾和减灾的指挥行动。例如，对一些有一定发展过程的灾害，如水灾、风灾等，都可以根据灾势发展的监测结果，对其可能成灾地区，实施应急的减灾对策与措施。我国有气象观测站 2653 个：地面气象观测站 2431 个、高空气象探空站 120 个、大气辐射观测站 98 个、大气本底观测站 4 个[①]。

（2）预报。自然灾害的预报是减灾准备和各项减灾行动的科学依据。目前，我国各类灾害预报都具备了一定的经验和基础，如气象预报已采取了以数值预报为主，结合大气图方法、统计学方法和人工智能技术的综合预报方法。

---

① 李立国，陈伟兰. 灾害应急处置与综合减灾 [M]. 北京：北京大学出版社，2007.

但有些灾害预报，如地震的多年预报成功率仍徘徊在 20% ~ 30%。

（3）评估。自然灾害的评估是指对灾害规模及灾害破坏损失程度的估测与评定，是抗灾救灾的重要依据，其分为灾前预评估、灾时跟踪评估、灾后终评估。灾前预评估是指在自然灾害发生之前，对可能发生灾害的地点、时间、规模、危害范围、成灾程度等进行预测性估测，为制定减灾预案提供依据。灾时跟踪评估是指自然灾害发生后，为了使上级管理部门和社会及时了解灾情，组织抗灾救灾，对灾害现实情况和可能趋向所作的适时性评估。灾后终评估是指自然灾害结束后通过全面调查后，对灾情的完整的总结评定。其主要内容包括灾害种类、灾害强度、灾害活动时间与地点、人员伤亡和财产破坏数量、经济损失、抗灾救灾措施等。

（4）防灾。防灾包括两个方面措施，一是在建设规划和工程选址时要充分注意环境影响与自然灾害危害，尽可能避开潜在的自然灾害；二是对遭受自然灾害威胁的人和其他受灾体实施预防性防护措施。

（5）抗灾。抗灾通常是指在自然灾害威胁下对固定资产所采取的工程性措施。

（6）救火。救火是自然火害已经开始和灾后最急迫的减灾措施。

（7）安置与恢复。安置与恢复包括生产和社会生活的恢复，这是一项具有很大减灾实效的措施。一次重大自然灾害发生之后，必然造成大量企业的停产、金融贸易的停顿、工程设施的损毁，以致社会家庭结构的破坏等，会引起巨大的损失，如何尽快缩短恢复生产、重建家园的时间，是减灾的重要措施。

（8）保险与援助。保险与援助是灾后恢复人民生活、企业生产和社会功能的重要经济保障之一。灾害保险是一种社会的金融商业行为，但它以保户自储和灾时互助为准则，千万保户的自援行动是对国家灾损援助的重要补充。援助是一个广泛的含义，包括金钱的、物资的、道义的，从经济的角度看，建立某些政策性的政府救灾基金，与行业救灾基金也是一种重要的措施。

（9）减灾宣传、立法。宣传教育是提高全民减灾意识、素质和全社会减灾能力的重要措施。灾害立法是保障各项减灾措施、规范减灾行为、实施减灾管理的法律保障，同时也是提高减灾意识和积极性的一种社会舆论。

（10）减灾规划、指挥。规划、指挥是制定国家和各级政府的减灾规划和减灾预案，协调全社会的减灾、救灾行为，包括建立政府的减灾指挥系统，建立减灾试验区，组织减灾队伍及防灾救灾训练、演习，等等。

　　减轻自然灾害是一项系统工程，对于不同的自然灾害，减灾活动的侧重点不同，采用的具体活动也各不相同，以上只是概括性的分类，对于特定的自然灾害的减灾活动，可以将各项活动再细分下去。

　　联合国关于环境统计框架是在 20 世纪 80 ~ 90 年代提出的，其内容体现为一个松散的指标体系，以环境的量化描述为中心，试图把对环境自身状况的描述与对影响环境变化的活动和现象的描述综合在一起，形成一个系统的数据框架，同时也提供一个围绕环境展开分析的总体框架。该框架的基本骨架就是所谓"压力—影响—反应"框架，整个指标体系的主体由以下四个指标群组成：环境压力指标群、环境影响指标群、环境反应指标群、环境总数指标群。"压力"是指对环境的压力，来自那些可对环境不同构成部分产生直接影响的人类活动和自然现象。"影响"是指上述各种活动和现象对环境的影响，表现为自然资源的耗减和发现、生态环境的变化以及人类生活条件的变化。"反应"是指人类针对环境状况所做出的反应，可以是个人的行动，也可以是政府和社会团体的行动，目的是防止、控制、抵御、扭转或避免环境的不良变化。因此，减轻自然灾害核算在性质上属于环境统计中环境反应统计的一部分，但采用的方法不是统计指标体系的形式。下文对减轻自然灾害宏观核算进行讨论，针对的是减轻自然灾害活动的货币方面核算，以价值核算的方式对减轻自然灾害活动予以归纳，来反映减灾活动与其他经济活动的关系。

3.2.2　减灾产业与减灾产品的定义与分类

　　国民经济的产业部门，是由一组从事相同或相近的主要生产活动的基层型单位组成的部门，是依据主要生产活动性质对基层型单位进行分类的结果。因此，对减灾产业的定义要明确：减灾产业是针对减灾活动而定义的，同时，减灾产业把减灾活动作为生产活动而定义。

　　减轻自然灾害活动按发生方式来划分，可以分为单独减灾和附带减灾两个类别。单独减灾活动是专门针对减轻自然灾害影响而采取的活动，是以减灾为主要目的的活动，如自然灾害的监测活动。附带减灾活动则是融入一般经济活动之中的减轻自然灾害活动，该活动的主要目的可能不是防灾减灾，但却在自然灾害发生时减少了灾害的影响，比如，在消费中购买防震床、带净化雨水功能雨伞等消费品。与此相对应，减灾产业要包含两个部分，一是由单独减灾活动组成的减灾产业，是在单一、直接的减轻自然灾害目的下提供减灾服务而形成的产业，可称为减灾服务产业；二是体现附带减灾活动的产业，其产出可能是货物，也可能是服务，这些产品具有其原本经济用途的同时，在自然灾害发生时具有明显的减灾效果，能减少自然灾害的损失，可称为附带减灾产业。对于减灾服务产业，按照其在经济活动中存在的方式应该包括两部分，一是独立的经济单位进行的减灾活动，例如，专门的气象监测站的监测活动，这些活动是以该单位的主要生产活动或次要生产活动来发生的，其产出提供给本单位以外的其他单位使用，可以称为外部减灾服务产业；二是在各经济单位内部以辅助活动方式发生的减灾活动，比如，采矿企业进行防灾宣传，主要目的是为本单位提供减灾服务，可以归为内部减灾服务产业。

在经济过程中，还存在着一类产业与减灾服务产业相关联，其产出唯一地服务于减灾服务产业，比如，地震灾害预测预报设备器材的生产活动。这些产业处于减灾服务产业的上游，从基本定义来看，本身并不属于减灾活动，比如，救生圈的生产本身并非是减灾活动，只有救灾时使用救生圈才是减灾活动。故而，将这类产业称为减灾关联产业。但从需求的角度来看，如果不是减灾活动，这些生产活动就不会发生，如果不进行灾害预测，就不用生产预测预报设备。在此意义上，将减灾关联产业也纳入减灾产业。对于减灾关联产业与附带减灾产业，二者具有相似之处，其区别在于：减灾关联产业的生产唯一服务于减灾服务产业的产品，是减灾服务产业的投入，而附带减灾产业生产具有其他目的的产品，只是在自然灾害发生时，其使用具有减轻自然灾害的效果。因此，二者不能混淆，在核算框架中要加以区分。

产品包括物品和服务，减灾产品是减灾生产活动的成果，与减灾产业的定义相对应，包括减灾服务、减灾关联产品以及附带减灾产品。如图 3 - 3 所示。

```
                      ┌ 减灾服务产业 ┌ 外部减灾服务产业
                      │             └ 内部减灾服务产业
         减灾产业 ────┤ 减灾关联产业
                      │
                      └ 附带减灾产业
```

图 3 - 3 减灾产业的组成

3.2.3 减轻自然灾害投入产出核算

减灾产业对于整个经济增长的影响，体现在两个方面：一是作为减灾产品的供应部门，其满足了社会需求，进而推动了经济的发展；二是作为需求部门，由于减灾产业与国民经济的联系，其创造的需求拉动了经济的增长。这样可以编制减轻自然灾害投入产出表，来对减灾产业与国民经济各系统的相互关系予以描述。

在现实经济生活中，减轻自然灾害活动作为一般经济活动是被隐含在各种产业活动之中的。因此，在建立减轻自然灾害投入产出表中，需要将减灾活动从一般的经济投入和产出流量中分离出来，将减灾活动作为减灾产品的生产和减灾目的的产品使用描述出来，且要将它们与国民经济其他产品部门的关系描述出来。

首先，需要对减轻自然灾害活动进行识别。与环境保护活动相似，对减轻自然灾害活动和支出的识别以主要目的为标准，可以包括以下几种目的。

（1）纯目的标准：包括全部主要目标是减轻自然灾害的活动和支出，这一标准适用于减轻自然灾害这一主要目标清晰无误的情况，如进行减灾宣传、组织救灾演习等。（2）额外成本标准：用于识别可以归属于减轻自然灾害的工艺与产品变化的部分成本，其投资和运行费用的估算是与"标准的"替代品的投资和运行费用进行比较。（3）净成本标准：只包括为减轻自然灾害目的而承担的导致成本净增加的支出，即支出超出了净成本发生之前产生的节约和收入。（4）遵守标准：特指为了遵守法规、预案而承担的主要目标是减轻自然灾害的支出，可以进一步细分以说明只为遵守法规而开展的活动和交易，如遵照《国家自然灾害救助应急预案》而进行的物资准备。

这些标准形成的并不是一套无所不包或相互排斥的标准，它们是一套为了特定应用而采用的有效定义。例如，在分析财政预算时，对交易进行分类时常常不能识别为减轻自然灾害活动的支出或成本，因此可以用标准1。在开展企业或家庭的调查时，无法单独采用标准1进行识别，需要和其他标准结合使用，比如，某项支出或行动可以增强减灾效益，但其主要为另一种目的而进行，典型例子是向新技术的投资，这些技术会将减灾效益与综合投资计划结合在一起，在这些情况下，一般没有单独的信息，这时额外成本标准是有用的。

由国民经济核算原理可知，对任何一个生产者来说，都有一项主要生产活动，对市场生产者来说，这种活动就是为企业带来大部分收入的活动，对非市场生产者来说，主要生产活动就是占生产成本主要部分的活动。主要生产活动的识别是确定该生产者应该分配到哪一个产业类别的依据。除主要生产活动外，无论是市场的还是非市场的生产者，都可以生产少量的其他产品。如果这些产品供其他单位使用，这些生产称为次要生产活动，即使是那些辅助生产活动，如果被企业保留下来并作为资本形成时，也记录为次要生产。被保留下来在同一单位使用的产品，除了作为资本形成的部分外，其他都被称作辅助生产活动。因此，从发生方式上看，各种减灾活动可能是一个经济单位的主要生产活动、次要生产活动，也可能是辅助生产活动，作为主要和次要生产活动存在的减灾活动称为外部减灾活动，辅助生产活动称为内部减灾活动。原则上，主要和次要生产活动容易识别，因为它们的产出已在标准国民账户中单独识别出来。不仅对那些出售给其他单位的产品是如此，而且对用于自身资本形成的产品也是如此，因为在 SNA 中这种资本形成与其他资本形成是按相同的方式记录的。理想的，当生产物品和服务的企业或经营单位有一项主要活动和某些次要活动时，从报告的目的出发，它应当将被细分，为各种次要产品建立的单独的生产机构，其目的是尽可能地使报告单位对应着单一的产品。这样，该单位的投入与单一生产过程联系起来，单位的加总能够与活动分类紧密匹配。

为编制减灾活动投入产出表，首先要对原有的国民经济核算中的产业部门的投入产出资料进行分解和归纳，得到有关减灾活动的流量。从产品流量看，减灾活动可分解成减灾产品的生产、减灾产品的使用和出于减灾目的的产品使用，在减灾产品中，要区分减灾服务、减灾关联产品和附带减灾产品，而减灾生产中还分为外部减灾活动和内部减灾活动。从普通的投入产出表得到减灾活动的投入产出表，是一个复杂的过程，下文将对这个过程进行讨论，分为以下几个步骤。第一步，依照 SNA 投入产出核算原理来处理外部减灾服务活动，得到外部减灾服务投入产出表；第二步，将内部减灾活动外部化，得到相应的投入产出表；第三步，将减灾关联产业和附带减灾产业生产引入，得到完整的减灾活动投入产出表。

在国民经济核算中，所有的主要生产活动和次要生产活动都可以计算投入产出，这些活动的投入和产出构成该单位投入与产出的组成部分。为了显示环境保护活动，对传统投入产出表加以改动，将其中的流量加以分解和归纳，分解包括两个步骤。第一，在横行上，把各种国内生产的产品流量归纳为外部减灾产品和其他产品两大类，满足单独记录外部减灾服务流量及其使用去向的目的；第二，在纵列上，把全部国内产业也归纳为两类，即外部减灾服务产业和其他产业，同时投资列要区分减灾投资和其他目的的投资。分解的结果如表 3 – 2 所示。

表 3 – 2　　　　　　　　　　外部减灾服务的投入产出表

		产品部门		最终消费		资本形成		净出口	总产出
		外部减灾服务	其他产品	个人消费	公共消费	外部减灾服务产业	其他产业		
产品部门	外部减灾服务	×	×	×	×			×	×
	其他产品	×	×	×	×	×	×	×	×
最初投入	劳动者报酬	×	×						
	生产税净额	×	×						
	固定资本消耗	×	×						
	营业盈余	×	×						
	总投入	×	×						

注：应有数据的地方用×标识，以下各表相同。

从行向看，国内生产的外部减灾行显示国内各生产单位所提供的减灾产品总量及其使用去向。从外部减灾服务的性质来看，这里的减灾产品仅限于外部减灾服务，分别被国内产业中间生产消耗，被居民和公共消费，以及被国外使用。从列向看，国内产业的外部减灾服务列显示该产业为提供减灾服务所需要的投入。与一般的产业生产一样，外部减灾服务生产过程中会消耗来自其他生产部门的产品，形成中间消耗，会耗用固定资产，形成固定资本消耗，需要劳动投入，支付劳动报酬，交纳生产税，最后形成一定的营业盈余。在资本形成项目中，外部减灾服务列显示出于减灾目的由外部减灾活动单位完成的投资。

将减灾活动的范围扩大到内部减灾活动，对于全面定义减灾活动并将之全面量化是必要的。现实生活中，许多减灾活动以内部减灾活动方式发生，要全面反映减灾活动就不能将其忽略。所有企业或基层单位都会从事一些由企业自己的员工进行的辅助活动，有些可能只是简单的管理活动，延伸出去说，也包括员工培训、建筑物或车辆的内部修理和维护，对于减轻自然灾害定义中包括的活动，如企业内进行的减灾宣传教育，等等。尽管 SNA 建议有关次要活动费用应尽可能从主要活动中分离出来，却没有单独识别和记录辅助活动，这些活动的费用被无差别地与其他内部费用合并在一起。在这里对减灾活动的讨论，需要按照识别次要活动相同的方式对辅助活动进行识别与核算，建立有关活动的生产账户，识别该活动的所有费用，包括劳动力投入和固定资本消耗。同时，令辅助产出的价值等于发生的费用，与生产机构购买外部服务的相同方式，作为该单位的中间消耗。如下，给出一个简单的例子。

假定某农户购买价值为 1000 元的种子，其产出以 1800 元售出，劳动报酬为 500 元，固定资本消耗为 100 元，经营盈余为 200 元，则生产与收入账户（1）如表 3 - 3 所示。

表 3 - 3　　　　　　　　　生产与收入账户（1）

使用	元	来源	元
中间消耗	1000	产出	1800
增加值	800		
劳动报酬	500		
固定资本消耗	100		
净营业盈余	200		

现在假设该期的生产过程中，发生了鼠灾，有灭鼠的减灾活动，对产出进行细分，账户可以重新构建如表 3 - 4 所示。

表 3 - 4　　　　　　　　　生产与收入账户（2）　　　　　　单位：元

使用	减去灭鼠	灭鼠	合计	来源	
中间消耗				产出	
减去灭鼠	900	100		灭鼠	150
灭鼠	150			其他	1800
合计	1050	100	1150	合计	1950
增加值			800		

续表

使用	减去灭鼠	灭鼠	合计	来源	
劳动报酬	460	40	500		
固定资本消耗	90	10	100		
净营业盈余	200	0	200		

灭鼠活动的总成本是 150 元，该农户的产出和中间消费价值都增加了 150 元，但增加值和收入形成账户上的所有科目的合计不变。改变辅助活动的记录不会改变国民账户中的任何宏观经济总量，产出水平提高了，但中间消费水平也增加了同样的数量，平衡项增加值不受影响，然而，产出和中间消耗的构成都发生了变化。像该例中对灭鼠活动的处理，使得辅助活动"外部化"了，所有减轻自然灾害的辅助活动，将以这样的方式进行外部化。将上述原理应用于减灾投入表中，得到内部减灾服务外部化后的减灾服务投入产出表，如表 3-5 所示。

表 3-5　　　　　　　　　内部减灾服务外部化后的减灾服务投入产出表

投入产出		产品部门			最终消费		资本形成			净出口	总产出
		减灾服务		其他产品	个人消费	公共消费	减灾服务产业		其他产业		
服务外包		外部减灾服务	内部减灾服务				外部减灾服务产业	内部减灾服务产业			
产品部门	外部减灾服务	×	×	×	×	×				×	×
	外部化的内部减灾服务	×	×	×							×
	其他产品	×	×	×	×	×	×	×	×	×	×
最初投入	劳动者报酬	×	×	×							
	生产税净额	×	×	×							
	固定资本消耗	×	×	×							
	营业盈余	×	×	×							
总投入		×	×	×							

　　上面是对国内生产过程中的内部减灾活动的外部化，在现实经济生活中，居民消费过程也包含了减灾活动，理论上，也可以按照以上的方法进行外部化处理，之所以没有进行，是基于下文的考虑。在 SNA 核算中，家庭的自产自用活动是不包括在核算范围之内的，若将其外部化，首先，要面对的问题是生产范围扩大的问题；其次，对家庭活动的核算数据仅有货物服务的购买投入，若要包括减灾服务，需要探讨新的核算方法；最后，相对企业完成的减灾活动，家庭可以提供的减灾服务活动规模较小，并且数据难以收集。因此，不对个人消费过程中活动进行区分，仍保持原有的框架。

　　进一步，我们可以考虑将减灾关联产品和附带减灾产品纳入投入产出框架中来。减灾关联产品是为减灾活动提供的工具和材料，其产品唯一用于减灾服务生产，其产品流量对减灾活动具有重大的意义，但同时，需要明确该产品的生产活动并不是减灾活动。因此，在减灾投入产出框架中，不能忽略对减灾关联产品的统计，但需要与减灾活动进行区分。建立包括减灾关联产品的核算框架，需将减灾关联产品从其他产品中独立处理，记录其生产与使用，在相应的行和列中显示。减灾关联产品的生产为当期减灾服务生产提供必要的中间消耗，也为减灾服务活动的资本形成提供耐用品和非耐用品，表现为固定资产和库存，提供消费过程中减灾活动消费和出口。在投入产出表中不对生产减灾关联产品产业的资本形成项目进行分解，是基于减灾关联产业资本形成不属于减灾产业资本形成范畴的考虑，由于为减灾关联产业提供产品和设施作为资本形成的生产活动并不属于减灾活动的范围。附带减灾产品的处理方式与减灾关联产品相似，但附带减灾产品不仅可被减灾服务产业消耗或积累，也在其他非减灾产业中发挥作用，这是二者的不同之处。这里要注意的是，需要依照额外成本标准来识别附带减灾产品生产的相关支出，意味着附带减灾产品价值中体现减灾功能的投入，计入减灾活动投入，作为一般产品功能的投入，则与减灾活动无关。这样得到包含减灾关联产品和附带减灾产品的减灾投入产出表，如表 3-6 所示。减灾活动的增加值表示这些活动对 GDP 的贡献，是产出价值与所有中间消耗合计的差额。所有行业的增加值与最终需求的总和相等，但就单个产业而言不存在这样的关系。

表 3-6　含减灾关联产品和附带减灾产品的减灾投入产出表

投入＼产出	产品部门					最终消费		资本形成			净出口	总产出
	减灾服务		减灾关联产品	附带减灾产品	其他产品	个人消费	公共消费	减灾服务产业		其他产业		
	外部减灾服务	外部化的内部减灾服务						外部减灾服务产业	外部化的内部减灾服务产业			
产品部门　减灾服务：外部减灾服务	×	×	×	×	×	×	×				×	×
产品部门　减灾服务：外部化的内部减灾服务	×	×	×	×	×						×	×
产品部门　减灾关联产品	×	×	×	×	×	×		×	×			×
产品部门　附带减灾产品	×	×	×	×	×	×		×	×	×	×	×
产品部门　其他产品	×	×	×	×	×	×		×	×	×	×	×
最初投入　劳动者报酬	×	×	×	×	×							
最初投入　生产税净额	×	×	×	×	×							
最初投入　固定资本消耗	×	×	×	×	×							
最初投入　营业盈余	×	×	×	×	×							
总投入	×	×	×	×	×							

3.2.4 减轻自然灾害收支核算

在国民经济中，任何的实物运动都伴随着价值运动，因此减轻自然灾害活动的发生就会产生货币流动，由此形成减轻自然灾害支出。减轻自然灾害支出核算是针对一时期整个经济总体围绕减灾活动所发生的收支行为进行宏观核算。通过这样的核算，可以系统地描述在现实经济过程中为减灾而花费了多少支出，谁承担了这些支出，从而形成的各经济部门之间的利益关系。

各种减轻自然灾害收支活动已经包含在整个国民经济核算的生产、分配、消费、投资等各环节中，需要以减灾为主题，将相关的资金流量从整体中划分出来，进行专门的核算。这些收支活动涉及不同的单位主体，具有不同的性质，发生在减灾活动的不同环节上，要在不重不漏的原则下对减轻自然灾害支出予以准确核算，厘清其间的经济分配关系，不只是各种支出的简单加总，而是要区分不同层次，依照国民经济核算原理进行系统核算。这样，有以下的核算框架如表 3-7 所示。

表 3-7　　　　　　　　减灾货物服务的生产支出与使用支出

减灾产品生产支出	减灾产品使用支出
减灾产业的中间消耗支出	减灾产品的中间使用支出
减灾产业的增加值	减灾产品的最终使用支出
固定资产消耗	居民消费支出
劳动报酬支出	政府消费支出
生产税净额支出	投资支出
营业盈余	国外支出

首先，对减灾支出核算进行讨论，减灾支出发生是与减灾货物服务、服务于减灾目的的其他货物服务以及生产要素相关联的。

由减灾投入产出表可知，对减灾货物服务有着两个基本支出：一是国民经济各单位对减灾货物服务产品的购买支出，分别作为各产业部门中间产品消耗、居民个人消费、政府公共消费、资本形成投资以及国外对出口的支出；二是减灾产业在减灾货物服务生产过程中的支出，可分为对中间产品的消耗支出、固定资产磨损费用、劳动报酬支出、生产税支出，以及生产者获得的营业盈余。这两个方面在经济总量上相等，但反映了不同的内容。减灾产品的使用支出通过产品的使用去向反映了各单位对减灾活动所负担的支出；减灾产品生产支出反映了减灾产业实际用于减灾产品生产的支出以及支出用途，这些支出只发生在减灾产业内部，其支出的方向包括其他各产业、劳动者、投资者以及政府。

对于减灾产业，一时期发生的支出包括两个方面：一是当期减灾产品生产过程中发生的支出，通常称为减灾活动的运行支出，或经常性支出；二是当期减灾产业资本形成所发生的支出，称为资本性支出，或投资支出。减灾产业经常性支出又由两部分组成：一是中间投入价值，是在减灾产品生产过程中所投入的中间产品价值；二是最初投入价值，是减灾产业在减灾产品生产过程中对劳动者报酬的支出、对产品税的交纳，以及固定资产磨损和营业盈余。在投入产出表中，减灾产业包含减灾服务产业、减灾关联产品产业和附带减灾产品生产产业，减灾产业的中间消耗，一部分来自非减灾产业提供的非减灾产品，另一部分来自减灾产业自身提供的减灾产品。比如，减灾服务产业的投入中，既包括非减灾产品投入，又包括减灾服务投入、减灾关联产品投入和附带减灾产品投入。对于投入产出核算而言，需要反映各产业之间的相互投入和产出，来揭示产业之间的关联关系。但是，若单纯合并投入产出表数据，来计算整个减灾产业当期的减灾支出，这些相互消耗会将支出重复计算。例如，减灾关联产品的使用情况、产品的投入价值已经在减灾关联产品产业内得到了核算，如果在减灾服务投入价值中再次核算这部分减灾关联产品价值，就整个减灾产业来说造成投入价值的重复计算。解决的思路是，分别考虑各部门减灾活动的投入，一方面，取消各减灾产业对自身产品的消耗；另一方面，将各减灾产业间的相互消耗予以扣除。

对于减灾产业当期减灾投资支出在实物上体现为减灾目的的资本形成，包括固定资本形成和存货变化两个部分，相应数据在减灾投入产出表减灾产业的资本形成部分。这里减灾产业投资支出的范围要与减灾投入产出核算的处理保持一致，减灾产业的投资支出仅限于减灾服务产业的资本形成，不包括减灾关联产品产业和附带减灾产品产业的资本形成。同时，由于减灾支出核算的对象是当期出于减灾目的的实际支出，不是对应减灾产出的投入价值，因此固定资本消耗并不符合核算的目的，它只是所占用资产价值的摊入，不是当期实际发生的支出。因此，减灾产业的投资支出仅包括减灾服务产业的资本形成，并且要将减灾产业的固定资本消耗扣除。这样我们得到减灾产业减灾支出核算表，如表 3-8 所示。

表 3-8　　　　　　　　　　　减灾产业减灾支出核算表

投入	减灾产业经常性支出			减灾服务产业投资支出	合计
	减灾服务产业	减灾关联产品产业	附带减灾产品产业		
减灾服务	×	×	×	×	×
减灾关联产品	×			×	×
附带减灾产品	×	×		×	×
非减灾产品	×	×	×	×	×
增加值	×	×	×		
固定资本消耗					×
劳动报酬	×	×	×		
生产税	×	×	×		
营业盈余	×	×	×		
各减灾产业的减灾支出	×	×	×	×	×
扣除项					
对减灾服务的消耗		- ×	- ×		- ×
对减灾关联产品的消耗	- ×				- ×
对附带减灾产品的消耗	- ×	- ×			- ×
减灾产业整体的减灾支出	×	×	×	×	×

减灾产业发生的减灾活动支出，最终要由国民经济各方面来负担，形成国民减灾支出，下面基于减灾货物服务的使用，来讨论国民减灾支出的核算问题。

国民减灾支出的最直接表现为国民经济各方面对减灾货物服务的购买支出，由此减灾投入产出表上反映减灾货物服务产品使用状况的数据构成国民减灾支出核算的起点。从使用上看，减灾产品被分别用于各产业生产、住户消费、政府消费、积累和出口到国外，对应这些产品的购买，形成各产业中间消耗支出、个人消费支出、政府公共消费支出、资本形成支出和国外的支出。

如前所述，减灾货物服务包括减灾服务、减灾关联产品和附带减灾产品，这里需要考虑是否所有对减灾货物服务有关的支出都属于减灾支出。与减灾产业的减灾支出核算一样，这里首先存在减灾产业内部减灾货物服务之间的重复计算问题。例如，减灾服务与减灾关联产品之间的重复。减灾服务对减灾关联产品的使用有两种方式：第一，减灾关联产品中那些非耐用品，在减灾服务生产过程中被消耗，转化为减灾服务价值的组成部分；第二，而具有耐用性的减灾关联产品，以及那些不具耐用性但未被当期减灾活动所耗用掉的关联产品，形成减灾服务产业的投资，增加其资产。这样，如果简单地按照各种减灾产品使用上的支出加总获得减灾支出总额，就会造成重复计算，一次体现为减灾产业购买减灾关联产品的支出，一次被隐含在减灾服务价值中形成减灾服务使用者的购买支出。同样的情况也存在于减灾服务和附带减灾产品之间的计算上。因此，需要将减灾支出框架改变，区分减灾产业和其他产业，减灾产业对减灾服务、减灾关联产品和附带减灾产品的中间消耗支出从减灾支出中扣除。

同时，需要明确减灾支出不等于减灾产品购买支出，减灾支出是以减小自然灾害为目的的支出，除了购买减灾产品外，各经济单位也可以在减灾名义下购买其他产品，形成减灾支出。出于减灾目的而购买其他产品，可以发生在产业生产过程、消费过程以及积累过程中。因此，对于其他产业和住户，在减灾目的下对非减灾产品的购买支出，无论是当期消耗，还是作为投资，都应视为减灾支出，要将这部分纳入减灾支出的核算范围。

在减灾产品使用支出中，包含了被国外使用从而构成国外支出的部分，由于这里我们考虑的是一国各经济单位出于减灾目的所发生的支出，即国民意义上的减灾支出，因此，将出口从以上支出中扣除，这样得到国民减灾支出总额核算框架，如表 3-9 所示。

表 3-9 国民减灾支出核算表

项目	中间消耗		个人最终消费	政府公共消费	资本形成	总计
	减灾产业	其他产业				
减灾服务		×	×	×	×	×
减灾关联产品					×	×

续表

项目	中间消耗		个人最终消费	政府公共消费	资本形成	总计
	减灾产业	其他产业				
附带减灾产品		×	×	×	×	×
其他产品		×	×	×	×	×
合计		×	×	×	×	×

围绕减灾活动存在很多收支活动，以上仅讨论了减灾支出中购买性支出的核算，就国民经济整体来说，除了购买支出外以转移方式形成的减灾支出是不可忽视的。在国民经济核算中，转移收支是单方面的收支，与交换性收支相区别，其收支流量的发生，没有伴随另一个对应流量的反方向发生。与减灾有关的转移收支符合一般的转移收支定义，只是其转移收支发生的原因与减灾有关，并且转移收支具有特定的流向：从经济各单位向减灾活动单位方向流动，其功能是为减灾活动筹集经常性费用和投资资金。尽管转移收支对于减灾活动具有重要意义，但受所能收集资料的限制，笔者对于这部分内容只作较简单的讨论。

要反映国民经济范围内的收支关系，是就机构部门而进行的，因为根据国民经济核算原理，只有机构单位才具有独立完整的收支功能，这里涉及的机构部门有企业、政府、非营利机构、住户和国外政府向各经济单位征集收入，同时承担向社会特定方面转移收入或提供各种公共服务的义务。目前，世界各国大部分减灾转移收支都是围绕政府发生的。政府在与减灾有关的转移收支中充当了中介，一方面，以税收形式征集收入，形成各经济单位对政府的转移（当期我国未有为减灾专门的税费，其实际上是包含在其他的税费中）；另一方面，针对减灾活动拨付经费和建设资金，形成政府对各减灾单位的转移。非营利机构是独立的机构部门，对于减灾活动其发挥了重要作用，不仅通过各种宣传传播减灾知识，还为具体的减灾活动筹集经费。各机构部门出于减灾的目的购买支出只是对当期减灾支出负担的形式之一，转移性收支同样构成了各部门对减灾活动资金的支持，出于这样的考虑，可以构造一个粗略的国民最终负担减灾支出框架，如表 3 - 10 所示。

表 3－10   国民最终负担减灾支出

项目	企业	政府	非营利机构	住户	合计
经常性支出	×	×	×	×	×
中间消耗支出	×	×	×	×	×
最终消费支出		×	×	×	×
投资性支出	×	×	×	×	×
购买性支出合计	×	×	×	×	×
转移性净支出					
转移支出	×	×	×	×	×
转移收入	− ×	− ×	− ×	− ×	− ×
最终负担的支出总计	×	×	×	×	×

　　对于住户和企业部门，最终负担的减灾支出可能会大于其减灾购买支出，因此它们在正常的减灾购买支出外，还缴纳了大量的税费；对于政府部门而言，尽管减灾支出是一个很大的数额，但并不是其最终负担，在减灾活动中政府在各经济单位之间充当了收入和资源再分配的中介，减灾购买性支出的资金可能来源于各经济单位缴纳与减灾有关的税费，即转移收入，同时政府还要在购买性支出之外进行减灾目的的转移支出。对整个国民经济总体而言，由于存在国外的转移净支出或转移净收入，最终负担的国民减灾支出可能会大于或小于购买意义上的国民减灾支出。

第4章

可持续发展理论与测度方法研究

可持续发展战略已在包括中国在内的许多国家加以制定和推行，如何衡量和测度一个国家的发展是持续还是非持续，成为国内外研究者密切关注的问题。国民核算体系 SNA 受核算范围的限制，其核心经济总量指标已经不适合用以衡量可持续发展水平，环境经济综合核算体系 SEEA 构建在 SNA 的基础上，扩展了核算范围，可以为测度可持续发展服务。本章由可持续发展观的形成入手，基于可持续发展概念，从强弱可持续性的角度对可持续发展测度方法进行研究。

4.1　可持续发展理论综述

4.1.1　可持续发展观的形成

早在远古时期，中国就有了朴素的可持续发展思想，主要体现在两个方面①：一是在我国古代的一些政治家和先哲的思想里。古书《逸周书·大聚篇》内记载的大禹所言："早春三月，山林不登斧，以成草木之长。夏三月，川泽不入网罟，以成鱼鳖之长"。春秋时期的齐国相国管仲提出"山林虽近，草木虽美，宫室必有度，禁发必有时"的高论，并说"为人君而不谨守其山林范泽草莱，不可以为天下王。"从这里可看出，作为首相的管仲已把保护山林川泽及其生物资源提到了一个非常高度。著名思想家荀子在《荀子·王治》对保护野生生物资源也曾提出"草木荣华兹硕之时，则斧斤不入山林，不夭其生，不绝其长也；……鱼、鳖、鳅、鳝孕别之时，罔罟毒药不入泽，……；斩伐养长不失其时，故山林不童，而百姓有余材也。"二是体现在我国古代的一些政策和法律条款中。秦朝的《田律》规定"春二月，毋敢伐树木山林及雍堤水。不夏月，毋敢夜草为灰，取生荔，毋……毒鱼鳖，置陷罔，到七月而

---

① 张二勋，秦耀辰. 可持续发展思想史评述 [J]. 史学月刊, 2003, (11): 109 – 116.

纵之。"《田律》的这些规定体现了可持续性的思想，甚至可称为中国和世界最早的环境法律。在《旧唐书》中记载中唐时期，朝政腐败，生活糜烂，朝中及地方官僚竞相以"奇鸟异兽毛羽"攀比织裙，以至于许多鸟兽"采之殆尽"，唐玄宗李隆基就此做出禁令，不准制作穿戴这类奇异的毛羽物。我们看到，保护自然资源、保护环境、保护生物以达到持续利用的朴素思想在我国早已有之，尽管中国古代可持续思想因其明显的朴素性、萌芽性和零散性特点而流露出历史局限性的痕迹，但它无疑称的上是可持续发展观的源头。

现代西方可持续发展思想的最早研究可以上溯到马尔萨斯，马尔萨斯关于资源问题的探讨集中在他于 1978 年发表的著作《人口原理》[①] 中，第一次明确指出，人口要素往往是呈几何级数增长的模式，这种快速的增长必然要受制于自然环境的限制。后人将他在该著作中所表达的思想概括为"资源绝对稀缺论"，是西方在人口研究领域产生的原始的可持续发展思想。达尔文在 1859 年发表的著名进化论著作《物种起源》中，在论述生物和环境的关系上与马尔萨斯保持一致，并发展了他的一些观点。从经济学角度系统地探讨人与自然资源的关系问题的还有李嘉图和约翰·穆勒等。李嘉图的理论主要集中体现在《政治经济学及赋税原理》一书中，他认为，自然资源不存在均等性，较高肥力的资源，在数量上不存在绝对稀缺，只存在相对稀缺，而且这种相对稀缺并不构成对经济发展的不可逾越的制约，后人将其理论概括为"资源相对稀缺论"。约翰·穆勒接受了绝对稀缺和相对稀缺的概念，他于 1848 年发表的《政治经济学原理》一书中，反对无止境地开发自然资源，提出了"静态经济论"。他认为："自然环境、人口和财富均应保持在一个静止稳定的水平，而且这一水平要远离自然资源的极限水平，以防止出现食物缺乏和自然美的大量消失"。穆勒的这一思想，对现代环境保护主义者产生了重要影响。

现代可持续发展思想的产生源于人们对环境问题的逐步认识和热切关注。进入 20 世纪后，工业得到迅速发展，人口增长速度加快，与此同时，由于资源被掠夺性地开采使用，生态环境不断恶化，人口、资源、生态环境之间的矛盾和冲突加剧。1962 年美国海洋生物学家蕾切尔·卡森发表了引起轰动的科普著作《寂静的春天》[②] 一书中通过揭示农药污染物迁移、转化过程，说明了环境污染对生态系统的影响，指出人类的许多活动不仅危及许多生物生存，而

---

① ［英］马尔萨斯. 人口原理 ［M］. 北京：商务印书馆，1992.

② ［美］蕾切尔·卡森. 寂静的春天 ［M］. 上海：上海译文出版社，2008.

且正在危害人类自己，通过大量实例昭示了人类通过工业生产创造着高度文明的同时，也伴生着环境问题毁灭着自己的文明，如果环境问题不解决，人类将无异于生活在"幸福的坟墓中"，失去"明媚的春天"。

第一个对于可持续发展理论有影响的研究是 1966 年美国经济学家鲍尔丁在《一门科学——生态经济学》中提出"宇宙飞船经济理论"。该理论将人类唯一生存的最大生态系统地球比作茫茫太空中飞行的一艘小小的宇宙飞船，人口和经济的不断增长，最终会使这艘小船内的有限资源耗竭，人类生产和消费所排出的废物量将最终使飞船舱内完全污染，到那时，人类社会将以崩溃而结束。鲍尔丁的"宇宙飞船经济理论"是一种形象的危机描述，是这一时期有关可持续发展的代表性理论，其理论价值与意义在于提出了以下观点：必须改变"增长型经济"而采取"储备型经济"；必须改变传统的"消耗型经济"而代之以"生态型经济"；应实行"福利量"的经济而不能只注重于"生产量"的经济；应建立重复使用物质资源的"循环式经济"替代传统的"单程式经济"。

20 世纪 70 年代初，以人口、资源和环境为主要内容，讨论人类前途为中心议题的"罗马俱乐部"成立，1972 年以米都斯为首的研究者发表了震动世界的著作《增长的极限》[①]，使人类对发展模式的反思达到了高潮。书中认为，工业化、人口、粮食私有制、不可再生资源的耗竭以及生态环境日益恶化的趋势均呈指数形式增长，而地球是有限的，人类社会经济的无限增长是不现实的，超出一定的界限，人类社会可能会突然瓦解、崩溃，科学技术只能推迟危机点的到来。其结论是，人类社会的无限增长是不现实的，而等待自然极限来临迫使增长停止又是社会难以接受的，出路只能是人类自我限制增长、协调发展。

从 20 世纪 70 年代起，人类向可持续发展观不断靠近，经过 20 年的不断探索，可持续发展观终于成形并走向实践，体现在 20 世纪 70～90 年代联合国等组织发表的 4 个重要报告中[②]。

1972 年 6 月，联合国在瑞典首都斯德哥尔摩召开的第一次"人类与环境会议"是当代人类走向可持续发展的第一座里程碑。这次会议的主要成果集中在两个报告中：一是由经济学家 B·沃德和微生物学家 R·杜博斯主编完成

①　[美]丹尼斯·米都斯等著，李宝恒译. 增长的极限 [M]. 长春：吉林人民出版社，1997.
②　张坤民. 可持续发展从概念到行动 [J]. 世界环境，1996，（1）：3-6.

的非正式报告《只有一个地球：对一个小小行星的关怀和维护》；二是由大会通过的正式报告《人类环境宣言》。《只有一个地球：对一个小小行星的关怀和维护》详细分析了发达国家的问题和发展中国家的问题，明确提出了要重建"地球上的秩序"，并指出了三个努力的方向：第一，爱护人类共同享有的生物圈；第二，学会在技术圈中生存；第三，制定人类生存的战略。《人类环境宣言》则提出了七条基本原则，号召人类应在共同的看法和共同的原则基础上去"保持和改善人类环境"，要求人们为子孙后代保护好当今的地球，从而提出了可持续发展理论中"代际公平"的初步思想。可以说，这两个报告构成了人类迈向可持续发展的第一块基石。

1980年，国际自然资源保护联合会（IUCN）、联合国环境规划署（UNEP）和世界自然基金会（WWF）共同发表了《世界自然保护大纲》，书中对可持续思想给予了系统的阐述，指出自然保护与可持续发展相互依存，两者应综合起来予以考虑，发展和保护环境对我们的生存，对我们履行作为后代自然资源托管人的责任是同等必要的，强调人类利用对生物圈的管理，使生物圈既能满足当代人的最大持续利益，又能保持其满足后代人需求与欲望的能力。这个大纲虽然主要针对资源保护问题而没有涉及更大的领域，但从根本上改变了六七十年代盛行的就保护论保护的思维和做法，明确提出应该把资源保护和人类发展结合起来考虑，而不是像以前那样的简单对立。这一思想为今天的可持续发展概念奠定了基本的轮廓。

1987年，在世界环境与发展委员会的一个专题报告中，挪威首相布伦特兰夫人以《我们共同的未来》为题，系统论述了可持续发展的含义、原则和实践问题，指出：在过去，我们关心的是经济发展对生态环境带来的影响；而现在，我们则已经开始关注环境的压力给经济发展带来的重要影响，因此，在未来，我们应该致力于走出一条资源环境保护与经济社会发展兼顾的可持续发展之路。同时，报告提出了后来被全球公认的可持续发展的概念"既能满足当代人的需求，又不损害后代人满足其需求的能力的发展"。至此，形成了比较系统的全球性可持续发展观和发展战略。

1992年6月，联合国在里约热内卢召开了"环境与发展"大会，会议通过了《里约热内卢环境与发展宣言》《全球21世纪议程》《关于森林问题的原则声明》等纲领性文件，多个国家签署了《气候变化框架公约》和《生物多样性公约》，这些文件都是以可持续发展思想为指导加以制定的，并第一次从

环境保护和经济发展有机联系的高度提出了可持续发展及其行动纲领,确定了
面向 21 世纪国际发展和合作原则。要求世界各国摒弃传统的大量消耗资源、
能源以及以牺牲环境质量换取发展的发展模式,呼吁各国选择与生态系统相协
调的经济、社会发展战略。该大会标志着可持续发展思想为世界上绝大多数国
家和组织承认接受,同时把可持续发展问题在全世界范围由理论和概念推向了
行动。

从 1962 年《寂静的春天》问世,到 1972 年《增长的极限》的发表,和
《人类环境宣言》的通过,再到 1980 年《世界自然保护大纲》、1987 年《我
们共同的未来》直到 1992 年的《里约宣言》和《全球 21 世纪议程》,现代可
持续发展理论经过了艰苦的探索,已经跨越思想讨论阶段上升为一种全新的发
展模式。随着对可持续发展理论研究的进一步深入,人类对此的认识和反思是
深刻的,而所得出的结论也是具有划时代意义的,对可持续发展的研究重点逐
渐转向国家可持续发展战略和行动计划及优先项目的研究,尤其是对可持续发
展的实践研究更为重视,研究着眼于全球、强调区域和国际联合行动,着眼于
第三世界国家结构调整、环境与可持续发展,着眼于生态平衡的研究,为推动
世界各国可持续发展起到了巨大的作用。

4.1.2 可持续发展的定义和内涵

现代意义上的可持续发展是由西方国家首先提出的。由于研究的出发点不
同、理论基础不同、所处的社会环境不同,看问题的视角不同,对可持续发展
的定义可谓仁者见仁、智者见智,到目前对可持续发展概念的表述不下
200 种。

可持续发展最权威的定义是由联合国世界环境与发展委员会(WCED)于
1987 年在《我们共同的未来》的报告中给出的,其翻译过来是:"可持续发展是
指既满足当代人的需求,又不损害后代人满足其需求之能力的发展。"这个概念
具有概括性,体现了可持续发展的根本思想,得到了最广泛的认同,包含着以下
的思想和含义:(1)强调发展目标的确定必须根据持续的原则;(2)指出"人
类需求和欲望的满足是发展的主要目标";(3)强调发展中国家需要经济增
长,并获得平等的机会;(4)人类需求和欲望应限定在生态可能的范围内;

（5）强调发展不应当危害支持地球生命的自然系统；（6）强调可持续发展必须保证每一代人内部和各代人之间的社会公正。该概念存在的不足在于不够精确，并且操作性差，对于什么是当前需求，什么是未来需求，用什么标准判断当前的发展对未来各代造成的损害，都没有加以说明①。

更多的可持续发展定义是从经济属性方面给出的。经济学家皮尔斯与沃福德在其著作中将可持续发展定义为"当发展能够保证当代人的福利增加时，也不应使后代人的福利减少"，尝试用经济学的语言描述可持续发展，表达了可持续发展的代际公平与增加社会福利的思想。在此基础上，R. 科斯坦萨等人提出，可持续是动态的人类经济系统之间的一种关系，可持续发展是人类的生存能够无限持续、人类的个体能够处于全盛状态、人类的文化能够发展，并且包括各种自然资本存量在内的整个资本存量不会降低，这种关系意味着人类活动的影响应该保持在一定限度之内，以免破坏生态学上的生存支持系统的多样性、复杂性和生态功能。世界银行在 1992 年《世界发展报告》中对可持续发展的解释为："建立在成本效益比较和审慎的经济分析基础上的发展和环境政策，加强环境保护，从而导致福利的增加和可持续水平的提高"，强调可持续发展是经济利益、环境利益以及社会福利三者之间相互协调和相互促进的过程。

4.1.2.1　可持续发展的定义②

（1）从自然属性定义可持续发展。可持续性这一概念是由生态经济学家首先提出来的，即"生态可持续性"（ecological sustainability）。它旨在说明自然资源及其开发利用程度间的平衡。1991 年，国际生态学联合会（INTECOL）和国际生物科学联合会（IUBS）联合举行关于可持续发展问题的专题讨论会。该研讨会的成果发展并深化了可持续发展的自然属性，将可持续发展定义为"保护和加强环境系统的生产和更新能力"。即可持续发展是不超越环境系统再生能力的发展。从自然属性方面表述可持续发展的另一种代表是从生物圈概念出发定义可持续发展，即认为可持续发展是寻求一种最佳的生态系统以支持生态的完整性和人类愿望的实现，使人类的生存环境得以持续。

① 欧阳锋，周济. 可持续发展的内涵与思想渊源 [J]. 厦门大学学报，1998，（2）：106 – 112.
② 韩英. 可持续发展理论与测度方法 [M]. 北京：中国建筑工业出版社，2007.

（2）从社会属性定义可持续发展。1991 年，由世界自然保护同盟（IU-CN）、联合国环境规划署（UNEP）和世界野生动物基金会（WWF）共同发表的《保护地球：可持续生存战略》，提出的可持续发展定义为："在生存与不超出维持生态系统涵容能力之情况下，改善人类的生活品质"，并且提出人类可持续生存的 9 条原则。在这 9 条原则中，即强调了人类的生产方式要与地球承载能力保持平衡，保护地球的生命力和生物多样性，同时，也提出了人类可持续发展的价值观和 130 个行动方案，着重论述了可持续发展的最终落脚点是人类社会，即改善人类的生活品质，创造美好的生活环境。《保护地球：可持续生存战略》认为，各国可以根据自己的国情制定各不相同的目标，但是，只有在"发展"的内涵中包括有提高人类健康水平、改善人类生活质量和获得必须资源的途径，并创建一个保障人类平等、自由人权的环境，"发展"只有使我们的生活在所有这些方面都得到改善，才是真正的"发展"。上述定义得到发展社会学者的推崇。

（3）从科技属性定义可持续发展。实施可持续发展，除了政策和管理因素之外，科技进步起着重大作用。没有科学技术的支撑，就无从谈起人类的可持续发展。因此，有的学者从技术选择的角度扩展了可持续发展的定义，认为，"可持续发展就是转向更清洁、更有效的技术，尽可能接近'零排放'或'密闭式'工艺方法，以此减少能源和其他自然资源的消耗。"还有的学者提出，"可持续发展就是建立极少产生废料和污染物的工艺或技术系统"。他们认为，污染并不是工业活动不可避免的结果，而是技术水平差、效率低的表现。他们主张发达国家和发展中国家之间进行技术合作，缩小技术差距，提高发展中国家的经济生产力。同时，建议在全球范围内开发更有效地使用矿物资源的技术，提供安全而又经济的可再生能源技术来限制导致全球气候变暖的二氧化碳的排放，并通过适当的技术选择，停止某些化学品的生产和使用，以保护臭氧层，逐步解决全球环境问题。

4.1.2.2　可持续发展的内涵

可持续发展是一个具有丰富内涵的综合性概念，不同的学科对其有不同的理解，这反映出可持续发展概念的复杂性。对于可持续发展的原则，目前形成较为一致的观点认为其主要包括公平性原则、可持续原则、共同性原则与需求性原则，原则间相互联系、相互渗透，共同构成了可持续发展的丰富内涵。

（1）公平性原则。"公平"是指机会选择的平等性，可持续发展所追求的公平性原则，包括三层意思：一是本代人的公平即同代人之间的横向公平性，称为代内公平。可持续发展要满足全体人民的基本需求和赋予全体人民机会以满足他们要求较高生活的愿望，因此，要给世界以公平的分配和公平的发展权，把消除贫困作为可持续发展进程特别优先的问题来考虑。二是代际间的公平，即世代人之间的纵向公平性。认识到人类赖以生存的自然资源是有限的，本代人不能因为自己的发展与需求而损害人类世世代代满足需求的条件——自然资源与环境，要给后代人以公平利用自然资源的权利。三是公平分配有限资源。联合国环境与发展大会通过的《关于环境与发展里约热内卢宣言》，已把这一公平原则上升为国家间的主权原则："各国拥有者按其本国的环境与发展政策开发本国自然资源的主权，并负有确保在其管辖范围内或在其控制下的活动不得损害其他国家或在各国管辖范围以外地区的环境的责任。"由此可见，可持续发展不仅要实现当代人之间的公平，而且也要实现当代人与未来各代人之间的公平，向所有的人提供实现美好生活愿望的机会。这是可持续发展与传统发展模式的根本区别之一。

公平性在传统发展模式中没有得到足够的重视，传统经济理论是为了生产而生产，没有考虑或者很少考虑未来各代人的利益。从伦理上讲，未来各代人应与当代人有同样的权利来提出他们对资源与环境的需求，可持续发展要求当代人在考虑自己的需求与消费的同时，也要对未来各代人的需求与消费负起历史的与道义的责任，因为同后代人相比，当代人在资源开发和利用方面处于一种类似于"垄断"的无竞争的主宰地位。各代人之间的公平要求任何一代都不能处于支配地位，即各代人都应有同样多的选择发展的机会。

（2）可持续原则。可持续性是指生态系统受到某种干扰时能保持其生产率的能力。资源与环境是人类生存与发展的基础与条件，离开了资源与环境就无从谈起人类的生存与发展。资源的永续利用和生态系统的可持续性的保持是人类持续发展的首要条件。可持续发展要求人类根据可持续性的条件调整自己的生活方式，在生态可能的范围内确定自己的消耗标准。人类经济、社会发展必须维持在资源和环境的承载能力的范围之内，以保证发展的可持续性。人类坚持这一原则，不仅必须约束自己对资源的浪费和环境的污染行为，而且必须保护和加强资源基地建设，恢复环境质量。在开发和利用自然资源的同时，要补偿从生态系统中索取的东西，使自然生态过程保持完整的秩序和良性循环。

（3）共同性原则。人类共享和依赖的生态系统是一个开放的整体，现代全球的环境—经济—社会系统日益变得相互依赖，成为不可分割的复合系统。可持续发展作为全球发展的总目标，所体现的公平性和可持续性原则，则是共同的，为实现这一目标，必须采取全球共同的联合行动。从广义上说，可持续发展的战略就是要促进人类之间以及人类与自然之间的和谐。如果每个人在考虑和安排自己的行动时，都能考虑到这一行动对其他人（包括后代人）以及生态环境的影响，并能真诚地按"共同性原则"办事，那么人类内部及人类与自然之间就能保持一种互惠共生的关系，也只有这样，可持续发展才能实现。

（4）需求性原则。美国著名的心理学家马斯洛在《动机与人格》一书中把人的需求分为五个层次，即基本生理需要、安全需要、归属和爱的需要、尊重的需要以及自我实现的需要。这种"需要层次论"是 30 多年前提出来的，当时的环境并没有构成人类生存发展的制约因素，因此，在这一理论中并没有体现环境需求的概念。但随着人们温饱问题的逐渐解决和生活水平的日益提高，一方面，人们在主观上势必向往和追求一个更加清洁、安全和舒适的环境，并且更加关注人类未来的命运；另一方面，在客观上日益恶化的环境更加剧了这一资源的短缺，此时的环境问题就应该成为一种更高层次的需求表现。可以这样说，传统的以牺牲环境和资源为代价的发展模式很少考虑到人们这一方面的需求，而可持续发展作为一种全新的发展模式，恰恰反映了这一较高层次的需求和价值观念，它坚持公平性和长期的可持续性，不仅要满足人们的基本需求，而且要满足人们较高层次的需求。

4.1.3 弱可持续发展与强可持续发展

尽管可持续发展概念在政治上已取得共识，但在理论界还存有些争议，其中以关于自然资本与人造资本是否可以替代的争论尤为突出。自然资本一般被视为自然资源存量、土地和生态系统三个范畴的组合，它们为经济、人类和其他生物提供了多种功能，其可归为三类：资源功能，自然资源在活动中被使用，投入生产活动，从而转换为有益于人类的货物与服务；受纳功能，吸收生产和消费过程中无用的副产品；服务功能，为包括人类在内的所有生物提供栖息地，还能为人类改进生活质量，如为休闲消遣提供良好的景观。对经济发展而言，可持续途径的基本点是要求现在任何对未来福利造成重大损害的行为都必须与将来实际补偿联系起来，否则未来境况就会比现在恶化。如何对未来进行补偿的问题也构成了可持续发展实现的必要条件是什么的问题，有关可持续发展的文献一致认为，可通过当代对后代进行资本遗产的转交进行补偿，意思是，当代人确保他们留给下一代的资本存量不少于当代的拥有量。然而，在传递给后代的资本储备形式的区别成为争论的焦点，争论的内容大致可划分为四个学派①：非常弱的可持续性（very weak sustainability，VMS）、弱的可持续性（weak sustainability，WS）、强的可持续性（strong sustainability，SS）和非常强的可持续性（very strong sustainability，VSS）。

塞拉格尔丁和斯特尔认为：判断发展是否可持续的标准是"维持和增加可供经济个体享用的福利水平"，福利水平的高低取决于对财富的积累程度。②这里，财富由全部资本存量组成。全部资本分为三类：人造资本，如机器、厂房、道路等；人力资本，如知识、技能等；自然资本，如土地肥力、森林、渔业资源、环境净化能力、石油、煤、臭氧层和生物地球化学循环等。

非常弱的可持续性，又称 Solow 可持续性，它认为人造资本与自然资本在生产上是几乎完全可以替代的。在资本总量中：

$$K = K_m + K_n + K_h \qquad (4-1)$$

式中 K_m 为人造资本，K_n 为自然资本，K_h 为人力资本，这三者之间是可以相互替代的。VWS 只要求资本总量 K 在时间上保持稳定不变或稳定增长即是可持续发展。这样，当代耗竭大量自然资本而留给后代的自然资本较少时，只要能够用可生产相当水平的、富裕的物质人造资本 K_m，如机器、道路、建筑、教育以及其他，即可以抵偿较低的 K_n。这一理论把环境看成另一形式的可替代资本，通过正确的定价可以而且应该达到消除经济活动与有害环境冲击之间的相互影响。罗伯特·索洛（R. M. Solow）认为："资源在某种意义上是可以替代的。这是极为重要的，因为它暗示我们没有欠将来任何东西。可持续目标和义务没有要求我们把任何事物原原本本地保留下来。"索洛（Solow）还

① 刘培哲. 可持续发展理论与中国 21 世纪议程［M］. 北京：气象出版社，2001.

② Serageldin，Steereds. Making Development Sustainable：From Concepts to Action. Environmentally Sustainable Development Occasional Paper No2［C］. Washington D C：World Bank，1994.

认为："最日常的自然资源是由于它能代替什么而不是由于它是什么而使人们感兴趣。……一旦这个原则被认可我们就每天都处于替代和换位的领域中。"由于索洛（Solow）是这一理论的代表，所以 VWS 又被称为 Solow 可持续性。主张经济与社会二维调控的新古典经济学增长理论也倾向于持此种观点。

这基本上没有约束的替代理论引起了来自各方面的批评，其批评的焦点是：

（1）很多环境资产之间不存在可替代性。如臭氧层消失所造成的生态破坏是无法替代的。（2）不确定性。我们对许多环境资产支持生命系统的功能的了解至今仍非常有限。在这种不确定性的条件下进行环境资产的替代，风险很大，对当代和后代都不负责任。（3）不可逆性。任何物种一旦消失一般不可能再创造。（4）替代理论会造成新的不公平。通常认为：贫穷者通常比富裕者受不良环境的影响更大。如果对环境资产的替代处理不当，受害者首先是贫穷者，加剧了本代和后代的不公平性。

还有的学者认为，这种替代理论违反了生态原理和热力学第二定律：生态理论认为，必须维护生态系统的完整性和生态系统结构的互补性；热力学第二定律表明，人类不可能使地球的总量减少，替代理论不能延缓地球嫡值的增加过程。

弱的可持续性，又称修正的 Solow 可持续性（modified Solow sustain ability）。由于上述的理由，一些学者对 VWS 进行了修正，提出了 WS。修正的内容是对替代加上了三个附加条件：

（1）在不超过资源的不可逆水平上限或保持生态系统完整的最低发育水平下限的条件下，替代原理有效；（2）有些自然资本（如臭氧层）是不可替代的，应加以保存；（3）遇到有严重的或不可逆转的损害的威胁时，不得以缺乏充分的科学证据为理由，延迟采取符合成本效益的措施，防止环境恶化。因为，如果继续"替代"下去，自然资源一旦消失，一般不可能重新创造。即：弱的可持续性承认替代转换原理，但附加了比较明确的替代转换条件。

强的可持续性，又称生态经济学方法（ecological economics approach）。对弱的和非常弱的可持续性理论的批评指出，许多生态系统的功效没有或者不能用货币来评价。生态经济学家认为，自然资本和人造资本基本上是互补的，只有互补的生产要素才是有限的，因而要实现可持续发展，自然资本的存量必须保持在一定的极限水平之上，否则就会导致发展的不平衡①。这一标准下的可持续发展被称为强可持续发展。这是因为：（1）人造资本并非独立于自然资本，前者的生产需要后者；（2）自然资本还发挥着其他一些功能，其中许多功能对于人造资本来说并不具备，如生命支持功能；（3）人造资本通常具有可逆性，但自然资本的使用具有不可逆性和不确定性。人造资本在目前技术条件下，尚不能完全替代某些自然资本的功能，如碳循环等生命支持功能。如果这类自然资本不足，即使财富总量有所增加，这类自然资源的不可替代性仍可能使发展难以持续。

因此，强的可持续发展（SS）的观点是：考虑可持续发展，除了必须维护资本（K）的总体水平，还要保护自然资源 K_n，不让自然资本总体水平下降。同时，强的可持续发展（SS）观点扩展了不确定性和不可逆因素对可持续性的影响，认为更多的应该是预防，而不是替代。皮尔斯（Pearce）认为，最重要的是对于某些关键自然资本应用实物存量指标刻画，要求它们不低于某一值。如果某种自然资源是至关重要的，那么用其他资本来替代这种自然资本的可能性就微乎其微。在可持续发展的研究中，这种有限的替代可能性之所以受到关注，是因为如果这些至关重要的系统受到破坏，那么后代人的日子肯定会变糟，因此这类至关重要的自然资本存量必须以完整的形式代代相传。

非常强的可持续性，又称稳态可持续性（stationary state sustainability）。VSS 是稳态经济的观点，基本上倾向于"零增长"理论。VSS 观点认为，人造资本与自然资本是互补物，而不是生产功能中的替代物，并且，自然资本是在不断地变为进一步发展的限制因素，其保存和提高必然导致经济活动中资源使用的减少，经济活动必须与支持生命的生态过程和效能不受侵害相一致。人和自然是平等的，不要用牺牲一方来满足另一方。社会对后代的优惠、价值和义务可用稳态经济来实现，显然，稳态经济不能引导经济—社会—自然复合系统走向可持续发展。

从上述可以看出，弱可持续性和强可持续性都贯彻着同样的基本原则：发展必须与资本存量的长期维护相协调。但是，该原则对自然资本的意义将依赖着概念的解释而有所不同。在弱可持续性下，自然资源存量可以被消耗，环境系统可以退化，只要这种消耗和退化可以由其他形式的资本相补偿。强可持续

---

① Peace D W. The Economic Value of Externalities from Electricity Sources [J]. Scandinavian Journal of Economics, 1993, 88 (1).

性，则是要求自然资源存量要独立于其他资本形式而得到维护和保全。对可持续性认识的不同，必然引起对可持续发展不同的测度，下一节将对可持续发展的测度方法进行讨论。

4.2 可持续发展的测度方法研究

4.2.1 传统经济总量指标调整问题

国民经济核算是以国民经济为整体的核算，其核算内容涉及国民经济的各部门、各环节和各方面，提供了一系列具有综合意义的经济总量，如国内生产总值、国民收入、国民可支配收入、最终消费支出、总储蓄、总投资、国民财产等。这些总量指标为国民经济宏观管理和分析提供了重要的依据，例如，用 GDP 来测度经济增长，用国民收入衡量一个国家的贫富程度，总储蓄和总投资是衡量一个国家积累的重要指标，国民财产代表了一个国家所拥有的财富水平。但是，随着可持续发展理念的传播，得到了越来越多人的认同，人们逐渐对传统经济总量指标作为宏观经济指示的功能产生了质疑。由于国民经济核算体系（SNA）的核算范围仅局限在经济活动领域，使得其反映环境与经济关系上的缺陷在于割裂了二者之间的联系，表现为忽略了经济活动对环境的利用，以及没有体现经济活动对环境所产生的影响。因此，许多学者认为，这些总量指标及其派生出来的指标对经济发展提供了错误的信息，而这种批评对国内生产总值指标尤其多。

国内生产总值（GDP）是一国经济在核算期内所有常住生产者所创造的社会最终产品的价值总量，是反映经济状况的一个重要指标，被誉为 20 世纪最伟大的发明之一。同时，GDP 作为国民经济核算体系的核心指标，其固有的缺陷主要表现在以下的方面：

（1）GDP 没有考虑自然资源的耗减。根据 SNA 的核算原则，非生产的自然资产投入生产过程中是不计价值的，这意味着可以通过大量的自然资源投入，获得 GDP 数值的快速上升，从某种含义上鼓励了那些对有限资源无休止消耗的做法，而这正是可持续发展所反对的。

（2）GDP 没有真实反映环境保护费用支出。国民经济各部门在生产或提供服务过程中进行的环境保护活动，目的是为了防止或消除自身对环境可能或已经产生的不利影响，这种活动并不带来社会福利实际水平的提高，它是一种"防御性的支出"。而 SNA 核算中，并未将环境保护活动从一般的经济生产活动中区分出来，各部门的环境保护活动支出计入部门增加值中，结果引起 GDP 虚的增长。

（3）GDP 没有反映生态环境恶化带来的经济损失。经济生产活动对生态环境造成污染和破坏，影响和干扰了人们正常的生产和生活，造成直接和间接的经济损失。但是，由于环境恶化没有相应的市场表现形式，因而被排斥在国民经济核算体系之外。进而，环境质量的恶化甚至会促进 GDP 的增长，如污染引发的疾病，增加了人们医疗开支，这些是极不合理的。

（4）GDP 强调经济性而忽略了社会性。凡是市场上的货币交易都被计入总量中，包括犯罪、交通事故、自然灾害等引起的费用在(3)P 中都作为收益计算，这些事件对社会不利，却因为 GDP 的计算原则反而变成经济增长的因素之一。

环境经济综合核算体系（SEEA）是对国民经济核算体系（SNA）的扩展，它将环境因素纳入经济核算体系中来，在扩展资产覆盖范围的同时，把经济活动对环境的影响作为获得经济产出的投入，这两者分别涉及了资产存量核算和经济活动流量核算。根据 SEEA 的核算思路，可以对传统经济总量指标进行调整，以 GDP 的调整为例：用资源耗减价值进行调整，得到"经资源耗减价值调整的 GDP"；用环境防御支出进行调整，通过对重复计算的环境防御支出的调整，使得环境保护活动支出在 GDP 核算中得到一致处理；用环境退化价值进行调整，得到"经环境退化价值调整的 GDP"。

环境经济综合核算体系伴随着可持续发展概念的提出而产生，是为了克服原有国民经济核算体系的缺陷而构造的，其自然资本的核算框架为测度可持续发展提供帮助，但其至在 SEEA-2003 中都很少论及如何测度可持续发展，下文将对可持续发展的测度方法进行讨论。

4.2.2　可持续发展测度方法概述

可持续发展作为一种全新的发展观日益受到世界各国政府和各界有识之士的高度重视，它标志着当代人类发展观的重大进步。可持续发展测度是可持续发展研究的核心问题之一，其基本功能是对可持续发展的定性内容做量化描述，即以定量化的方式来反映可持续发展的现状。对可持续发展的量化测度是定量研究的工作，建立在定性研究的基础之上，是对定性研究成果的明确化和具体化。随着可持续发展定性研究的推进，可持续发展定量研究和实际应用也在不断加强，可持续发展的研究从定性的理论分析，走向定量的应用研究是可持续发展从理论走向实践的反映。

对可持续发展的测度，主要围绕着可持续发展评价指标展开，通过对可持续发展指标体系的研究，度量和评价可持续发展的方向以及可持续发展目标的实现程度，合理指导经济、社会、政治等领域做相应的调整。从类别上，按照对信息的浓缩程度可将可持续发展测度方法分为单一指标测度方法和指标体系测度方法两大类①。单一指标测度方法或称综合性指标测度方法，是人们为求得理论上的简化和实际操作上的便利，力图将庞大、复杂的可持续复杂指标群概括成某种单一的综合性测度。这里有两种简化方式：一是通过诸指标的无量纲化和加权计算得到一个综合平均值，这样得到的结果，在很大程度上取决于各有关指标的选取和加权方式，往往带有一定的主观性；二是通过审慎地选择或制定几个具有高度代表性和重要关联性的核心指标，再根据他们之间的经济联系和核算关系构造一个新的概括性指标。指标体系测度则由一系列互相联系、互相制约的指标组成科学的、完整的总体，用于测量可持续发展的状态。

可持续发展测度方法强调了通过指标研究可持续发展的关键作用，通过可持续发展指标可架构一座可持续发展理论与实践之间的桥梁，以实现可持续发展定量测度的根本目标。作为反映可持续发展状态的统计指标，通常具有以下几方面的特点。

（1）所需反映的信息量庞大，层次复杂。可持续发展研究是人类历史上

① 高敏雪，许健，周景博. 资源环境统计［M］. 北京：中国统计出版社，2004.

一个空前规模的课题，可持续发展系统具有开发性、不确定性、动态并行性、扩散性、涨落性以及混沌性等特性，决定了可持续发展系统的复杂性，也决定了对它的统计测度需要多层次的统计指标，既有单一指标，又有指标体系。（2）指标涉及多学科背景。就每个指标而言，其指标内涵通常要涉及多个研究领域，因此，通常要进行跨领域的关联研究。（3）指标具有很强的应用特定性。某些指标只适合测度某方面的可持续发展状态，所以在选用可持续发展指标时需考虑其应用背景。（4）指标生成的方法论复杂，理论更迭速度快。可持续发展系统的复杂性使得可持续发展指标生成的难度大，并且可持续发展理论仍处在不断发展的过程中，要求可持续发展指标不断更新。

目前测度可持续发展的各种方法都处于探索之中，至今尚未有一套公认的方法。这是因为，可持续发展系统涉及了人口、社会、经济、生态等方面，而且其内涵还在不断扩展。对可持续发展系统进行全面和深入的研究还很缺乏，方法学上还很不成熟。同时，可持续发展的决策涉及的内容复杂、部门繁多，而且人们对于不同子系统之间的关联尚未了解清楚，单纯依靠经验和感性认识来做出科学、合理的决策是十分困难的。本节主要对国际上应用广泛的可持续发展测度方法进行详细地论述，通过分析比较，说明可持续发展测度的特点和合理性。

4.2.3 单一指标测度方法

4.2.3.1 EDP

为了弥补国民经济核算体系（SNA）忽视环境要素的缺陷，联合国组织各国核算专家依据可持续发展思想对 SNA 进行局部扩展与补充，形成环境经济综合核算体系（SKA），通过该体系将环境要素引入国民经济核算过程，"经环境因素调整后的国内净产值（EDP）"是其中的核心指标。SEEA 一方面对原有的"经济资产"概念给予必要补充，将一定质量的生态环境作为一项"非经济资产"引入核算框架；另一方面，又将经济生产活动对于自然资源、生态环境的"耗减"和"降级"作为这些资产的"使用"来处理，这样形成计算 EDP 的思路：

$$\begin{array}{l}\text{经环境调整的}\\\text{国内生产净值}\end{array} = \text{国内产出} - \text{中间消耗} - \left(\begin{array}{c}\text{固定资}\\\text{产消耗}\end{array} + \begin{array}{c}\text{全部非生产资产}\\\text{的耗减或降级}\end{array}\right)$$

$$= \text{国民消费} + \left(\begin{array}{c}\text{资本形}\\\text{成净额}\end{array} - \begin{array}{c}\text{全部非生产资产}\\\text{的耗减或降级}\end{array}\right) + \begin{array}{c}\text{货物及服}\\\text{务净出口}\end{array} \qquad (4-2)$$

SEEA 将环境因素引入 SNA 后，对原核算框架做了扩展：增加了"环境与经济综合核算"新引入的流量数据，包括经济性自然资产与非经济自然资产的使用，以及自然资产在经济意义上的"积累"，在表 4-1 中第 6 行和第 7 行显示。

表 4-1　　　　环境与经济综合核算体系（SEEA）的基本框架

综合核算体系		经济活动					环境生态
		生产	国外	最终消费	非金融性的经济资产		非经济自然资产
					生产资产	自然资产	
		1	2	3	4	5	6
期初资产	1				$K0_{p.ec}$	$K0_{pn.ec}$	
货物和服务供给	2	P	M				
货物和服务使用	3	C_i	X	C	I_g		
固定资本消耗	4	CFC			$-CFC$		
国内生产净值	5	NDP	$X-M$	C	I		
自然资产的使用	6	U_{np}				$-U_{np.ec}$	$-U_{np.env}$
自然资产的积累	7					$I_{np.ec}$	$-I_{np.env}$
环境调整指标	8	EDP	$X-M$	C	$A_{p.ec}$	$A_{np.ec}$	$-A_{np.env}$
资产持有损益	9				$R_{p.ec}$	$R_{np.ec}$	
资产外生量变	10				$V_{p.ec}$	$V_{np.ec}$	
期末资产	11				$K1_{p.ec}$	$K1_{np.ec}$	

资料来源：杨灿. 国民核算与分析通论 [M]. 北京：中国统计出版社，2005.

表 4-1 中阴影部分的符号是 SNA 中的流量和存量，包括生产一列中的产出（P）、中间消耗（C_i）、固定资本消耗（CFC）和国内生产净值（NDP）；国外一列的出口（X）、进口（M）和出口减进口（$X-M$）；最终消费一列的最终消费（C）；生产资产一列的期初存量（$K0_{p.ec}$）、资本形成总额（I_g）、固

定资本消耗（CFC）、资本形成净额（I）、持有损益（$R_{p.ec}$）、外生数量变化（$V_{p.ec}$）和期末存量（$K1_{p.ec}$）；以及经济性自然资产一列中的期初存量（$K0_{np.ec}$）、持有损益（$R_{np.ec}$）、外生数量变化（$V_{np.ec}$）、期末存量（$K1_{np.ec}$）。

　　表中非阴影部分的元素是 SNA 在环境核算领域的扩充。这些扩充元素或是以环境成本的实物量形式补充 SNA 的概念，或通过对相应的实物量进行估价和引入经调整的环境成本价值来修正 SNA 的概念。这样 EDP 的核算过程已经清晰。

　　从生产角度看：

$$EDP = P - C_i - CFC - U_{np} = NDP - U_{np} \qquad (4-3)$$

　　其中，U_{np} 表示本期生产过程自然资产货币化的使用额，包括经济性自然资产的使用（$U_{np.ec}$）和非经济自然资产的使用（$U_{np.env}$），从内容上看，这种使用包括耗减和降级，如果某些经济活动具有恢复环境质量的功能，那么就作为抵减项目处理。

　　从使用角度看：

$$EDP = C + (A_{p.ec} + A_{np.ec} - A_{np.ec}) + (X - M)$$
$$= C + (I - U_{np}) + (X - M) \qquad (4-4)$$

　　由于引入了自然资产的使用和自然资产的积累，$SEEA$ 的资本积累概念要比 SNA 框架中资本形成概念的内容更加广泛。它由三个部分组成：（1）生产资产 $A_{p.ec}$，它与 SNA 主体框架中的资本形成概念相同，即 $A_{p.ec} = I$；（2）经济性自然资产的净积累 $A_{np.ec}$，它是经济资产中非生产自然资产的耗减与降级和转移至经济资产范围使用的自然资产之和，即 $A_{np.ec} = I_{np.ec} - U_{np.ec}$；（3）非经济自然资产的总变化 $A_{np.env}$，它是由不属于经济资产范围的非经济自然资产的耗减与降级和由于转移至经济使用而减少的自然资产两部分组成，即 $A_{np.env} = U_{np.env} + I_{np.env}$。

　　由于 $U_{np.ec}$ 为经济资产范围内的经济性自然资产的使用，而 $U_{np.env}$ 为不属于经济资产范围的非经济自然资产的使用，因此将 $U_{np.ec}$ 加 $U_{np.env}$，则可得到 U_{np}，表明人类的生产活动对全部自然资产的使用，即 $U_{np} = U_{np.ec} + U_{np.env}$。此外，$I_{np.ec}$ 为经济资产中经济性自然资产的积累，包括新探明的矿藏储量、野生森林、野生动物资源转变为受经济控制等。与 $I_{np.ec}$ 对应的 $-I_{np.env}$，表明由于非经济自然资产向经济使用转移所引起的不属于经济资产范围的自然资产的减少。因此，$I_{np.ec}$ 与 $I_{np.env}$ 数字相等。

　　由 EDP 的计算公式可以看出：在生产核算中，SERA 将 SNA 的指标消耗计算范围从"生产资产"扩展到"非生产资产"的领域；在使用核算中，SEEA 则用一个扣除了"全部非生产资产耗减和降级"的"资产净积累"指标代替了 SNA 原有的"指标形成净额"指标。这表明，关于 EDP 的核算，实质上是扩充了国民经济核算的"资本"和"资本消耗的概念"，并依据可持续发展的要求相应地改变了"资产积累"的经济含义。因此，EDP 实现了对 GDP 的修正，考虑了环境在经济生产过程中的使用，其数值为决策者提供了最易理解和接受的信息，是测度可持续发展最具代表性的指标之一。

　　我们需要注意到 EDP 衡量的是弱可持续发展，由弱可持续性的概念，其理论假设各种资本之间是可以相互替代的。在 EDP 的计算中，考虑到经济生产过程对自然资产的消耗（耗减）和降级，因此将其从经济总量中扣除这部分的数值，作为投入考虑，这其中包含着可持续的概念，即要把经济资产和自然资产作为人类发展的整体等同看待。然而，EDP 计算过程中并不考虑这部分自然资产的投入是否被等同或更多的经济资产补偿，即不论这些自然资产使用是否是帕累托最优，默认非经济自然资产转移到经济使用范围内时，与对应的经济产出是拥有相同的价值，这与弱可持续性的理念相吻合。正如强可持续发展理论所提出的争议，很多自然资本是不能用人造资本来替代的，许多自然资本是不可替代的，尽管 EDP 是替代 GDP 衡量经济发展的一个较好的指标，具有完备的理论内涵，我们还需要对其有一个清楚的认识，其衡量的可持续发展是一个弱可持续发展的概念，EDP 数值增加可能是加大对自然资源使用带来的。

　　与此同时，EDP 的缺陷也是显而易见的。首先，EDP 忽略了社会因素，正如环境经济综合核算 SEEA - 2003 所言，其着重于对生产资产和自然资产的核算，较少涉及人力资本和社会资本的衡量，因此 EDP 作为 SEEA 代表性指标，其只是对经济和环境方面可持续发展的衡量，就可持续发展的测度而言，是一个致命的弱点。其次，仅从《统计研究》杂志上几位教授对"农夫王国"经济核算的讨论，我们就可以看出环境经济综合核算较一般意义的国民核算研究，问题更多、难度也更大，这意味着 EDP 在具体实践中还没有成为一个成熟的指标，仍就有较多问题需要探讨。再次，在 SEEA 中，各种自然资产的耗减和降级具体估价，仍然是一个十分困难的问题，这也在 EDP 的测算中反映出来，不同的价值核算方法常常造成最终结果的巨大差异，不同国家根据各自资源环境的特点，采用不同的方法，无法进行各国间的对比，进而无法得知各国在可持续发展上的进展情况。最后，EDP 是一个流量的指标，没有体现资产存量多少，无法反映具体的国民财富或整体福利的多少，这影响了其在可持续发展研究中的应用。

4.2.3.2 国民财富

国民财富的概念产生在可持续发展思想获得普遍认可之前，其测度范围只限于物质财富，1995 年世界银行在《环境进展的监测》报告中公布了一套全新的国民财富概念和测度方法，1997 年世界银行在报告《扩展衡量财富的手段——环境可持续发展的指标》中给出了进一步的研究成果。根据报告中的定义，国民财富（national wealth）是人造资本、自然资本、人力资本和社会资本四组要素的总和。人造资本指国民经济核算中的"生产资产"；自然资本包含土地资源、森林资源、矿物资源、水资源和其他可以适当计量的重要环境资源；人力资本是由教育、保健和营养等诸多因素共同决定的人们的生产能力或其可能提供的未来经济收益的累计现值；社会资本是指维系社会存在、运作与发展的制度关系、组织规范和信息结构等无形财富的总和，是一个国家文化传统和历史经验长期积淀的结果。一国的财富即为这四组要素的总和，即：

$$国民财富 = 人造资本 + 自然资本 + 人力资本 + 社会资本 \qquad (4-5)$$

具体测度中，人造资本和自然资本的核算，直接采用 SNA 和 SEEA 的方法。对人造资本，以永续盘存法直接估算期末存量的价值，并采用购买力平均价格来估算，加强国际间的可比性。对自然资本，测算包括农业用地、牧场、森林、金属、煤、石油和天然气等方面，假设年租金不变的情况下，用各期租金折算成现值作为资产的价值。由于社会资本目前无法单独测度，考虑到社会资本与人力资本间紧密的联系，通常是把二者混合起来一起测度。人力资本和社会资本采用未来收益现值法，先计算其从自然资本和人造资本的使用中获得的年收益，用人口的平均生产年限和单一贴现率贴现加总，最后扣除生产资本和城市用地的估算价值，得到人力资本和社会资本的价值。这种计算方法受人为因素干扰较大，客观性和稳定性稍差，但在当前的核算实践中，尽量地维护了相关指标的真实性和可靠性，仍然不失为一种相对稳健的选择。

国民财富集中体现了可持续发展所包含的代际公平内涵，即在谋求当代福利提高的同时，不损害未来人们谋求这种满足的能力，这就要求国民财富的非负增长。世界银行将国民财富的概念扩展到"人力资本"和"社会资本"方面，是基于发展的能力体现在不同层次上的认识，通过将不同性质的财富加总到一起，对可持续发展的状态和进程进行衡量。国民财富是弱可持续性指标，它将各资本等同看待，这意味着各资本间可以相互替代，即使自然资本大量减少的情况下，只要其他资本增加，国民财富仍是增加的。对比 EDP 指标，国民财富考虑到人力资本和社会资本这些重要的发展因素，直接体现了可持续发展强调社会、经济、自然环境三个系统之间相互协调的内在含义，并从存量的角度出发对可持续发展进行衡量，有益于更全面地看待可持续发展问题。同时，该指标亦存在着缺陷：从指标内容的完整性的角度看，还应该包含一国所持有的净金融资产的数额，即该国的对外金融债权净额。在传统的国民财富核算中，对外金融债权净额历来就是必不可少的组成部分，其数量规模和消长变化对于有关国家的未来投资水平和可持续发展能力都有着重要的影响，必须纳入财富核算的范畴。

4.2.3.3　真实储蓄

世界银行在 1995 年《监测环境进展》中也提出了名为"真实储蓄"（genuine saving，GS）的一套可持续发展核算方法，并在其 1997 年出版的《扩展衡量财富的手段》中又作了介绍。世界银行认为，真实储蓄反映财富的变化，将 GDP 中的消费扣除，然而，教育投入是对人力资本的投资而不是消费，因此又需要将教育支出作为投资看待。从本质上看，GS 也是对 GDP 的一种修正方式，其基本思路是国内生产总值（GDP）减去总消费，得到总储蓄，加上教育投资，得到广义总储蓄（gross saving），广义总储蓄减去人造资本的折旧得到净储蓄（net saving），净储蓄减去自然资源的损耗和环境污染损失的价值后才得到真实储蓄。这样在实质上，GS 是一个经环境调整的国民净储蓄指标。真实储蓄占 GDP 的百分比即为真实储蓄率。表 4 - 2 列出了计算的主要过程。

同 EDP 指标对比，EDP 是一个最终生产成果指标，GS 是反映国民财富增量的指标，二者观察问题的角度不同，但它们在描述发展问题时都突出反映了经济生产过程对于自然资本的耗减和降级，将其从生产成果或财富增量中扣除，反映了可持续发展的内涵。毫无疑问，真实储蓄也是一个衡量弱可持续性的货币化指标，它将人造资本与自然资本等同看待，这就有可能出现自然资源和环境污染很严重，但真实储蓄仍然增加，只需要有较高的投资率。真实储蓄的政策含义是：真实储蓄的持续负增长最终必将导致财富的减少。对决策者而言，真实储蓄同可持续发展之间的这种关系则意味着，从宏观经济领域到纯粹的环境领域，存在着许多可能的切入点来增加可持续性。因此，真实储蓄是衡量可持续发展的一个片面的指标，对真实储蓄或真实储蓄率同可持续发展之间关系的确认还需要进一步的分析和探讨，仅从真实储蓄或真实储蓄率的高低、正负方面分析，并不能直接得出发展的可持续性强弱的结论，需要一个对长期变化趋势的监测。

表 4 - 2   **真实储蓄的计算过程**

计算项目	编号	计算过程
GDP	(1)	
总消费	(2)	
总储蓄	(3)	(3) = (1) - (2)
总储蓄率（%）	(4)	(4) = (3) ÷ (1)
教育投资	(5)	
广义国内总储蓄	(6)	(6) = (3) + (5)
广义国内总储蓄率（%）	(7)	(7) = (6) ÷ (1)
固定资产折旧	(8)	
净储蓄	(9)	(9) = (6) - (8)
净储蓄率%	(10)	(10) = (9) ÷ (1)
自然资源损耗	(11)	
环境污染损失	(12)	
真实储蓄	(13)	(13) = (9) - (11) - (12)
真实储蓄率（%）	(14)	(14) = (13) ÷ (1)

资料来源：韩英. 可持续发展理论与测度方法 [M]. 北京：中国建筑工业出版社，2007.

4.2.3.4 人文发展指数

人文发展指数（HDI）是在联合国开发计划署（UNDP）的《1990 年人文

发展报告》中首先使用的一个发展尺度，它的出现是与发展的文化观联系在
一起的。20 世纪 70 ~ 80 年代，人们逐渐接受人本主义的发展观，认为人文发
展才是发展水平的真正标志，而 HDI 正是人文发展评价尺度中应用最广的指
数。人文发展指数是将若干个人文发展标志的实际数值，综合在一起，变换成
一个介于 0 ~ 1 间的分值，以这个分值作为评价一国发展水平高低的标准。
HDI 以三个指标为基础：预期寿命、教育成就和生活标准。预期寿命，根据出
生后的预期寿命测定；教育成就，由成人识字能力（占 2/3 权数）和小学、
中学、大学三者的综合入学注册率（占 1/3 权数）这两项值的加权组合来测
定；生活标准，按购买力平均价格计算的实际人均国内生产总值测定。人文发
展指数的计算方法如下：

第一步，对每个指标；确定阈值，根据 60 年观测到或预期的最极端值来
确定最大值和最小值：

$$d_i = \frac{\max x_i - x_i}{\max x_i - \min x_i} \qquad (4-6)$$

第二步，计算出每个指标的比 d_i；

第三步，求平均值：

$$D = \frac{1}{3} \sum d_i \qquad (4-7)$$

各指标设定阈值为：出生预期寿命，25 ~ 85 岁；成人识字率，0 ~ 100%；
综合入学注册率，0 ~ 100%；实际人均国内生产总值，\$100 ~ \$40000。依据人
文发展指数的高低，将各国分为高人文发展水平国家（HDI > 0.8）、中等人文
发展水平国家（0.8 > HDI > 0.5）、低人文发展水平国家（HDI < 0.5）。从
1991 年起，UNDP 对 HDI 作了几次修正，但基本的方法没有变化。

尽管人文发展指数研制时不是作为可持续发展指数，但 HDI 强调了人是
一个国家的真正财富，国家的发展应从传统的以物为中心转向以人为中心，它
将收入与发展指标相结合，说明人类在健康、教育等方面的社会发展是传统以
收入衡量发展水平的重要补充，倡导各国关注人们生活质量的改善，这些都与
社会可持续发展原则相一致。人文发展指数的优点是，计算简单，用易于得到
的数据进行计算，提供了一个简明但多维的评价各国发展的方法，扩展了关于
可持续发展的讨论。同时，HDI 忽略了人类对自然系统的影响的考虑，很可能
一些国家 HDI 增长了，但其发展不一定是可持续的。HDI 的指标选择具有一
定的随意性，各组成部分之间缺乏固有的联系，各变量无法用同一标准衡量。

总而言之，HDI 计算方法存在着一定的不足，但其从人的需求角度来设计可持续发展测度指标的思维方式是值得借鉴的。

4.2.3.5　可持续经济福利指数

可持续经济福利指数 ISEW（Index of Sustainable Economic Welfare）是在戴利和科布（Daly and John Cobb）1989 年的著作《为了共同利益》（*For the Common Good*）中附录出现的，是用以评价社会经济福利水平的指标。该指标的出现引起了巨大的反响，许多国家进行了研究和测试。ISEW 计算过程分为以下三个步骤。

第一步，计算"消费基础"。是指在一定的社会生产范围内可供消费的数量包括市场消费和非市场消费。与 SNA 核算内容对应，公共消费内容不变，对私人消费进行小的变动，基于对实际经济福利含义的考虑，扣除耐用消费品消费的支出，添加 SNA 核算体系中没有计算的无偿家务劳动价值。

第二步，估算抵减项目。抵减项目包括那些并不真正带来经济福利，但用于维持福利水平的经济活动，以及由于相近生产或消费带来的未来福利的减少。前者包括自然环境和社会环境的防护性费用，将其作为抵减项目，是由于尽管其是实际发生的支出，但它是由于社会经济系统的系统性偏差导致的，被归为"不能产生福利"一类；后者计算与温室效应、资源损耗以及环境污染有关的未来费用，将其抵减是由于不需要确切了解任何关于发生时间或发生规模就可能会自然产生的费用。

第三步，将上述结果用收入和劳动力分配不均指数进行加权。计算收入不均的方法是将统计收入分别按工人和雇员、从业男性和女性、从业人员和失业人员分组，然后将各组之内的收入差异各除以平均收入，用该组所占份额作为权重加权。将第二步的结果乘以分配不均指数得到 ISEW。

这样 ISEW 指数可由如下公式进行计算：

$$\text{ISEW} = （个人消费 + 非防护性支出 + 资产构成 - 防护支出$$
$$- 环境损害费用 - 自然支出折旧）\times 分配不均指数 \quad (4-8)$$

戴利、科布（Daly，Cobb）所计算的 ISEW 中，采用了 20 多个指标对初始消费数进行添加或扣减。防护支出方面的扣除包括医疗与教育、广告、补偿、城市化、交通事故和环境污染。其他的扣除包括耐用消费品的支出、与开

采不可再生资源有关的成本、长期的环境损害以及湿地与农田的消失。ISEW
添加了包括从家庭劳务、耐用品消费、街道和公路得到的服务；医疗与教育的
非防护性公共支出；净资本的增长和净国际地位的改变。

　　ISEW 出发点是认为社会经济的可持续发展，必须保持人类福利不下降，
它是继承了希克斯收入的思想，并且更进一步，不仅估算未来收入的损失，还
减去并不带来真正福利的开支，把对收入和工作的分配看作可持续经济福利的
一部分。因此，ISEW 既具有环境可持续发展的意义，又有社会公平的含义。
可持续经济福利指数仍然是对弱可持续性的衡量，其从福利角度出发，对可持
续发展的测度是一种新的尝试。

4.2.3.6　生态占用

　　生态占用（ecological footprint，EF）是在 1992 年由加拿大生态学家威廉
（William E. Rees）与其学生维克那格（Mathis Wackernagel）提出，维克那格
（Wackeomagel）又在 1996 年对其方法和模型作了进一步完善，在我国很多人
也将其直译为"生态脚印"或"生态足迹"。生态占用是指能为一个特定生活
标准的人群提供所需要的资源、吸纳其废弃物的那一片生态生产性土地面积
（包括土地和水域）。

　　生态占用的思想是基于这样的考虑：由于人类的生存需要消耗产品和劳
务，每个人都会对地球造成影响和产生负担，只有人类产生的负荷在地球的承
载力之内，才不会造成毁灭性的悲剧。理论上，人类的每一项消费都可以追溯
到提供该消费所需的原始物质和能量的土地上，这样，把所有消费折算为相应
的生物生产性土地面积，就可以反映人类所占用的自然资本。确切地说，生态
占用本身还不能进行可持续发展的直接测度，有测度意义的是它与地球所能够
提供的空间的比较。生态占用测度的是人类对生态维持面积的客观需求，称为
生态占用需求 DEF；而自然生态系统所能够实际提供的生态维持面积，称为生
态占用供给 SEF。通过两者的比较，进行可持续发展测度：若 SEF > DEF，为
生态盈余，表明该区域人类活动对自然生态系统的压力在区域生态承载力的范
围之内，区域发展模式是可持续的；反之，若 SEF < DEF，为生态赤字，表明
该区域的生态占用超出了区域生态系统的承载能力，区域生态系统处于不安全
的状态，说明其发展模式是不可持续的。

　　"生态生产性土地"是生态占用分析法为各类自然资本提供的统一度量基础。生态生产是指生态系统中的生物从外界环境中吸收生命过程所必需的物质和能量转化为新的物质，从而实现物质和能量的积累。自然资本产生自然收入正是由于生态生产，生态生产力用来衡量产生自然收入的能力，生态生产力越大，说明某种自然资本的生命支持能力越强。由于自然资本总是与一定的地球表面相联系，因此生态占用分析用生态生产性土地的概念来代表自然资本，生态生产性土地指具有生态生产能力的土地或水体。这样的替换极大地简化了对自然资本的统计，从而方便计算自然资本总量。根据生产力大小的差异，地球表面的生态生产性土地分为六大类：化石能源用地、耕地、牧草地、森林、建筑用地和海洋。生态占用的基本计算步骤如下。

　　第一步，将消费分门别类地折算成资源消耗量，将资源消耗量和人类活动所排放的废物按区域的生态生产能力和废物消纳能力分别折算成六类生态生产性土地的面积 a_j：

$$a_j = \sum_{i=1}^{n} \frac{C_{ij}}{EP_i} = \sum_{i=1}^{n} \frac{P_{ij} + I_{ij} - E_{ij}}{EP_i} \quad (j = 1, 2, \cdots, 6) \qquad (4-9)$$

　　式（4-9）中：a_j 为第 j 类生态生产性土地面积；EP_i 为区域内第 i 个组成的生态生产力；C_{ij} 为第 i 个组成对 j 资源的消费量；P_{ij} 为 j 资源的生产量；I_{ij} 为 j 资源的进口量；E_{ij} 为 j 资源的出口量。

　　第二步，产量调整。由于不同的国家或地区有不同的资源禀赋，则有不同的生态生产力，要进行区域比较，就需要进行适当的调整，方法是将其生态生产力乘以产量调整因子。产量调整因子是所核算区域单位面积生态生产力与全球评价生态生产力相比较而得到的，若其数值大于 1，表明该地区单位面积的生态生产力高于全球平均水平，小于 1，则反之。调整后的面积称为"产量调整面积"，用 A_j 表示：

$$A_j = \sum_{i=1}^{n} \frac{C_{ij}}{EP_i \times \gamma F_i} = \sum_{i=1}^{n} \frac{P_{ij} + I_{ij} - E_{ij}}{EP_i \times \gamma F_i} \quad (j = 1, 2, \cdots, 6) \quad (4-10)$$

　　其中，γF_i 为产量调整因子。

　　第三步，通过均衡因子将不同类型的生态生产性土地调整为可以直接相加的生态系统面积，加总为区域的生态占用 EF。均衡因子是在比较不同类型生态系统单位空间面积的生物生产量的基础上得到的，是对各生态系统的生产潜力标准化处理的结果。目前采用的各均衡因子分别为：森林和化石能源用地为 1.1，耕地和建筑用地为 2.8，草地为 0.5，海洋为 0.2。这样，加总得到生态占用，公式为：

$$EF = \sum_{j=1}^{6} A_j \times EQ_j \quad (j = 1, 2, \cdots, 6) \qquad (4-11)$$

其中，EQ_j 为均衡因子。

从计算过程可以看到，生态占用指标计算简单，结果比较直观，易于理解。EF 的计算，不仅考虑人类对贸易的依赖，还反映出不同的收入水平效应和不同技术水平对生态的影响，是将可持续性、发展和公平等有关问题联系起来进行了综合测度。生态占用指标是考虑支持目前人类社会经济活动所需要的生态空间的大小，将资源供给和消耗统一到一个全球一致的面积指标，测度的结果能够清楚地表明人类对生态环境的影响。通过实际生态承载力与生态占用的比较，用生态赤字或生态盈余指标，明确地反映现实与可持续发展的距离，使可持续发展的衡量具有了真正的空间可比性，无疑，这是一种有效的可持续发展测度工具。相比以上的单一指标，生态占用衡量的是强可持续性的概念。EF 是将资源的消耗量和人类活动所排放的废物折算成具有生态生产力的土地，这里的土地是自然资本的概念。不同于以上单一指标，将人造资本和自然资本等同看待，生态占用指标把所需占用的各生态生产性土地进行加总，其隐含的假设是各生态生产性土地可以相互替代，承认的是自然资本间的替代性，而不是弱可持续发展概念中人造资本和自然资本的可替代性。因此，尽管 EF 衡量的不是绝对意义上的强可持续性的概念，但其还是可以归到强可持续性指标。生态占用这种全新的思考方式为可持续发展的认识和测度开辟了一条全新的探索途径。

同样，生态占用测度也有不足，其没有考虑到由于污染、侵蚀及城市扩张、废弃物掩埋等原因而使得土地失去生态生产力，仅考虑了使用资源的经济活动对环境的影响，这种处理会导致过于乐观的估计。

以上列举了国际上广泛应用的六个测度可持续发展的单一指标，通过对其构造的思想，计算过程的讨论，我们可以得到以下认识。

首先，采用单一指标测度可持续发展，由于研究角度的不同，其测度方法各不相同。EDP 指标是从生产的可持续角度，出于对原有国内生产总值 GDP 指标缺陷的考虑，将自然资源的耗减和生态环境的降级纳入核算的框架，对生产净值指标进行调整，是根据可持续发展的要求扩大了"资产积累"的概念。国民财富和真实储蓄指标，是根据可持续思想，将财富的变化作为可持续发展的测度，两者分别从财富的存量和流量角度来分析发展的可持续性。人文发展指数和可持续经济福利指数则是从可持续发展的最终目标促进人类社会进步和福利改善出发，立足于社会角度的测度方法，由于福利或社会进步都不能简单地用货币或实物单位来度量，因此此类测度方法多以指数形式出现。生态占用指标是出于可持续发展对环境要素的关注，产生以实物度量为基础，立足于环境的测度方法。因此，正是由于单一指标测度涉及设计角度的不同，其分析可持续发展的作用自然也就有所不同，在测度可持续发展时，需要采用不同的指标一起进行分析、比较，才能得到较为全面的结论。

其次，采用单一指标测度可持续发展，需要区分该指标反映是弱可持续性或是强可持续性。由于用货币单位计量的指标具有可加性，大部分测度可持续发展的单一指标的结构中，其关联性的核心指标选取一般是价值指标，这样依据可持续发展的不同理论构造单一指标易于理解，也方便计算。国民财富、真实储蓄和可持续经济福利这三个指标，是通过构成其中的核心指标的加减，得到最终的综合性指标，这样的构成方式衡量的是弱可持续性，因为它们将构成的各部分人造资本和自然资本等同看待，意味着可以相互替代。由第二节对弱可持续发展的讨论，我们可以知道，对弱可持续的批评在于很多的环境资本是不可替代的，因此很可能出现自然环境受到很大破坏，而弱可持续性单一指标不断增长。由强可持续性的定义可知，其要求保证自然资本的存量必须保持在一定的极限水平之上，对不同的自然资源度量的指标采用实物单位，不同的实物，性质不同、计量单位不同，不能进行汇总，实物单位的局限性对构造测度强可持续发展的单一指标造成最大的障碍。生态占用指标在这方面做出了极大的突破，它通过生态生产力的概念将不同资源的消耗折算成生态生产性土地面积，尽管它放松了强可持续性的条件，不同生态生产性土地可相互替代，生态占用指标仍归入强可持续性指标。单一指标对可持续发展的测度是从不同方面进行的，在对得到的结果进行分析时，我们还是需要区别指标的可持续性，不能因为单纯数值的变化得出简单的结论。

最后，采用单一指标测度可持续发展，测度方式上仍存在不同程度的困难。EDP 和真实储蓄指标中，对自然资源的耗减和环境降级的测算上仍有待完善；国民财富指标，无论人力资源或是社会资本的具体测算方法目前都尚未成熟；人文发展指数和可持续经济福利指数，其中指标构成的选取仍具有争议；生态占用指标，其没有完全描述自然系统提供资源、消纳废物的功能。因此，单一指标测度方法还有许多问题需要探讨和研究。

4.3　指标体系测度方法

从前面讨论的单一指标测度可持续发展方法可以看出，单一指标是根据经济理论对客观事物的某一特征的一种度量，但仅凭其完成对可持续发展这复杂系统的完全描述是困难的，为了反映事物综合、整体的状况，我们还需要将指标采取一定的组合方式，集成地反映事物的系统特征。

指标体系测度方法是沿袭社会发展多目标综合评价的做法，按照可持续发展的内涵，构造一系列相互联系的指标组成一个整体，从不同角度反映可持续发展的各个层面及其联系。当然，指标体系内部各个指标不是简单堆叠，也不是相互独立的，而是以一定的内在联系组织成的一个有机的系统。就目前的研究进展而言，可持续发展指标体系不失为测度可持续发展状况的有效而被广泛使用的手段，其表现为对信息的大量涵盖，以及系统地反映可持续发展包含不同领域的状况。

对可持续发展理解的角度不同，指标体系的构建原则也不同，指标间的内在联系方式也有差异，据此，将可持续发展指标体系的结构模式分为三类。

4.3.1　DSR 型指标体系

20 世纪 70 年代初，环境与经济之间矛盾的不断加剧促进了环境指标的相关研究，研究者认识到，环境问题不是孤立存在的，而是与社会经济活动有着极为密切的关系，因此，环境指标的设计不应只停留在描述环境质量的现状，还应能够反映其与经济、社会的关系和对经济、社会的影响，即综合测度环境与经济社会之间的交互作用。在此基础上，加拿大统计学家最先提出了 DSR 的概念模型，其后，欧洲统计局和经合组织又作了进一步的开发使用。

DSR 是"驱动力（driving force）—状态（state）—反应（response）"概念模型的英文缩写，该模型认为，人类的社会经济活动与环境之间状态的相互作用关系可以用驱动力反应的逻辑关系来描述：人类的生产和消费活动从环境中获取各种资源，产生的废弃物又排入环境中，这些行为构成了对环境系统的压力，改变了环境的状态，环境的变化反过来又促使人类改变生产和消费模式来响应这些变化，如此循环往复，形成了人类社会经济活动与环境之间的"驱动力—状态—反应"关系。所有这些压力、状态、反应各自可通过一组指标来反映，而指标间的这种内在因果联系将它们联结成一个有机的整体。具体而言，驱动力指标用以表明那些造成发展不可持续的人类活动、消费模式和经济因素；状态指标主要反映可持续发展过程中某一阶段或某一时刻的状态或水平；反应指标主要反映对可持续发展状态变化所采取的政策选择和其他反应。

DSR 型指标体系测度方法的代表是 1996 年联合国可持续发展委员会（UNCSD）与联合国政策协调发展部（DPCSD）牵头，提出的可持续发展指标体系，如表 4 - 3 所示。

表 4 - 3　　　　联合国可持续发展统计指标体系框架结构及指标摘录

	"21 世纪议程"有关章节	驱动力指标	状态指标	反应指标
经济方面	第 2 章　促进可持续发展的国际合作和国内政策 第 4 章　改变消费方式 第 33 章　金融资源与机制 第 34 章　无害环境技术转让与合作	人均 GDP 增长率；生产和消费模式	人均 EDP	环保支出占 GDP 的比例
环境方面 水 土地 自然资源 大气 废弃物	第 18 章　淡水供应和质量保护 第 17 章　海洋及沿片区域保护 第 10 章　土地资源的规划与管理 第 12 章　荒漠化防治和干旱 第 13 章　可持续的高山开发 第 14 章　促进可持续的农业和农村发展 第 11 章　森林及砍伐 第 15 章　生物多义性保护 第 16 章　生态技术的无害化管理 第 9 章　大气保护 第 21 章　固体废料及无害化环境管理 第 19 章　有毒化学品无害化管理 第 20 章　危险废弃物无害化管理 第 22 章　放射性废物的无害化管理	二氧化硫、二氧化碳、氮氧化物的释放；消耗臭氧物质的消费；废弃物的处置；工业废弃物的产生	城市周围二氧化碳、二氧化硫、氮氧化物、臭氧的浓度	大气污染物削减支出；废物收集和处理费用；单位 GDP 废物减少率

续表

	"21 世纪议程" 有关章节	驱动力指标	状态指标	反应指标
社会方面	第 3 章　反贫困 第 5 章　人口动态与持续性 第 36 章　促进教育、公共意识和培训 第 6 章　保护和促进人类健康 第 7 章　促进可持续的人类安居发展	失业率	贫困指数；基尼系数	教育投资占GDP 的百分比；基础设施的人均支出
制度方面	第 8 章　环境与发展决策 第 35 章　可持续发展的科学 第 39 章　国际条约和机制 第 40 章　决策信息 第 23～32 章　主要团体的作用			环境影响评价制度的有无；可持续发展对策的有无

资料来源：高敏雪等. 资源环境统计［M］. 北京：中国统计出版社，2004.

如表 4－3 所示，该指标体系的全部指标遵循两种分类原则被归类：一是按可持续发展所涉及的主题进行分类，将各种指标分为经济、环境、社会和制度四类，每一类下又区分具体的主题，并分别与《21 世纪议程》有关章节相对应；二是按各指标的性质和指标间的因果关系分为驱动力指标、状态指标和反应指标。整个体系共包括 144 个指标，其中社会指标 42 个、经济指标 26 个、环境指标 61 个、制度指标 15 个。

从指标体系的架构方式看，DSR 概念模型突出了环境受到的压力与环境退化之间的因果关系，与可持续的环境目标之间的关系较为密切，对可持续发展各个侧面均有所反映，内容比较全面，同时，能够避免繁多的指标被简单地堆砌在一起，这些优点使联合国的这套测度方法成为不少国家模仿和借鉴的对象。但是，该指标体系的缺点也很突出，许多时候难以确定一个指标到底归属于哪一类，"驱动力指标" 和 "状态指标" 之间没有逻辑上的必然联系，得不到所期望的因果关系，过多的指标也严重妨碍了评价功能，降低了其可操作性，这些都是该指标体系需要加以改进的地方。

4.3.2　菜单型指标体系

可持续发展涉及经济、环境和社会等各个领域，菜单型指标体系以菜单的形式列示各领域的可持续发展问题，由反映可持续发展各领域的若干指标构成指标群，将可持续发展问题按涉及的领域分成若干个子系统来研究。我国很多学者所提出的可持续发展指标体系具有这样的特点，如朱启贵在《可持续发展评估》一书中根据可持续发展理论和《中国21世纪议程》建立的中国可持续发展评估指标体系就是菜单型指标体系。

4.3.3　专题型指标体系

对于每一个国家而言，可持续发展重点领域是有显著的差异，专题型指标体系不像菜单型指标体系那样面面俱到，而是选取本国或本区域可持续发展的关键领域和关键问题，在每个领域或问题下设计具体指标来构造指标体系。1994年，英国政府设计的可持续发展指标体系是最具有代表性的专题型指标体系，它以《我们共同的未来》中关于可持续发展的定义为基础，将其进一步扩展为四大目标：必须保持经济健康发展以提高生活质量，同时保护人类健康和环境；不可再生资源必须优化使用；可再生资源必须可持续性地利用；必须使人类活动对环境承载力所造成的损害及对人类健康和生物多样性构成的危险最小化。在每一个大目标之下，将关键问题分组形成了21个专题，在每个专题之下，又设置了若干关键目标和关键问题，进而设计了具体指标。专题型指标体系的特点是在每个大目标下将所认为的关键问题通过分组而归纳在一起，因此没有最佳分组方式，同时，在一定程度上会因为就特定问题的研究限制了指标间内在联系的建立，指标多是因题而设，即使是列在一个专题之下的指标也可能彼此间没什么联系。

综上，可持续发展指标体系的优点是覆盖面广，具有较强的通用性和灵活性，通过统计和数学工具提供的无量纲化和指标综合手段，可以获得可持续发展水平的综合指数，但由于指标体系综合程度较差，指标间联系方式各异，影响了评价功能。因此，可持续发展指标体系确立与完善仍然需要假以时日，为了更好地建立和评价这一指标体系，必须遵循以下构建指标体系的基本原则①。

首先，全面性。理论上说，该指标体系应当全面包容所有可能影响一国社会经济持续发展水平的因素。然而，绝对的"全面性"将是一个难以企及的终极目标，从可操作的角度看，通常只能退而求其次，即尽可能将那些较为重要的影响因素适当地引入指标体系。

其次，层次性。影响社会经济持续发展水平的因素种类繁多，各因素之间既互相关联，又相对独立，因而必须依据这种关联性或独立性的程度将其分门别类、划分层次，便于分析研究。

再次，代表性。对应每一影响社会经济持续发展水平的因素，通常必须从中选择适当数量的代表性因素进行研究。譬如，在考察一国经济实力时，人们常常选择人均 GDP、人均钢产量和人均粮食产量等因素。

最后，可量性和可比性。纳入体系的各项指标必须概念明确，内容清晰，能够实际测定，以便进行定量分析；还必须适当考虑国际对比和地区对比的要求，以保证该指标体系发挥其应有的作用。

关于可持续发展指标体系问题的研究是一个不断完善、不断发展的过程。因此，许多学者认为，追求使可持续发展指标体系成为一个绝对客观、全面的测度的努力将是徒劳无功的，倒不如把它作为探讨现实发展中可能存在问题的有用工具，才是一种更为可取的出发点。

---

① 钱海，杨缅昆，杨灿 . 国民经济统计学 [M]. 北京：中国统计山版社，2000.

第5章

结　论

第一，本书对自然资源估价问题进行了研究。首先，对国内外学术界混乱的"自然资源"概念进行了梳理，认为在环境经济综合核算体系中，"自然资源"指的是传统的狭义的概念，同时通过对自然资源价值形成理论的探讨，认为自然资源是有价值的。其次，对于自然资源常用的几种估价方法进行了归纳和对比，在此基础上重点讨论了自然资源租金三种可以选择的计算方法：拨付法、基于 P 项的间接推算法和基于资本服务流量的间接推算法。对于自然资源租金计算涉及其来源的问题，从理论与实证两个方面论证了资源租金存在的方式，认为"GDP 中是包含资源租金"，试图据此解开计算上的有关理论疑问。最后，结合自然资源资产账户的编制，认为可以通过固定单位资源租金率或编制资源价格指数得到不变价的自然资源价值量。

第二，本书对有关减灾防灾和自然灾害最小化方面的核算问题进行了研究。首先，对自然灾害的产生及其特点进行描述，概括了我国防灾抗灾的活动内容。其次，将"自然灾害最小化活动"和"减轻自然灾害活动"概念进行对比，认为两者是一致的，为了易于理解，本书使用"减轻自然灾害活动"称法，进而对减轻自然灾害活动的性质与范围进行了界定，讨论了减轻自然灾害活动与环境保护活动的区别。为了将减轻自然灾害活动纳入环境经济综合核算框架，将减轻自然灾害活动进行了划分，提出"单独减灾"和"附带减灾"的概念，定义了减灾产业的概念以及构成，尝试构建了减轻自然灾害投入产出核算和收支核算框架。

第三，本书对可持续发展核算的基本概念和测度方法问题进行了研究。首先，论述了可持续发展观的形成，对已有的可持续发展概念进行概括，着重探讨了弱可持续发展和强可持续发展的概念。其次，由于大多数学者对可持续发展测度方法的讨论仅限于计算过程比较分析，基于可持续发展的概念，结合环境经济综合核算对原有宏观经济总量指标的调整，从强弱可持续性的角度对可持续发展测度方法进行了研究。

参考文献

［1］联合国经济社会事务部统计署，联合国环境规划署编；高敏雪等译．综合环境经济核算操作手册．中国统计局内部交流资料，2003.

［2］联合国，欧洲委员会等国际组织编；丁言强，王艳等译．环境经济综合核算［M］．北京：中国经济出版社，2005.

［3］联合国等编，国家统计局国民经济核算司译．国民经济核算体系1993［M］．北京：中国统计出版社，1995.

［4］王永瑜．环境经济综合核算问题研究［D］．厦门大学博士论文，2005.

［5］戴亦一．建立适应可持续发展战略需要的国民核算新模式——关于国民大核算体系的理论思考［J］．统计研究，2000，（9）：4－5.

［6］雷明．可持续发展K的绿色核算—资源—经济—环境综合核算［M］．北京：中国统计出版社，1999.

［7］欧洲统计局编，吴水荣等译．欧洲森林环境与经济综合核算框架．国家统计局内部交流资料，2004.

［8］向书坚．2003年SEEA需要进一步研究的主要问题［J］．统计研究，2006，（6）：17－21.

［9］国家科委全国重大自然灾害合研究组．中国重大自然灾害及减灾对策［M］．北京：科学出版社，1994.

［10］世界环境与发展委员会编，国家环保局外事办公室译．我们共同的未来［M］．北京：世界知识出版社，1989.

［11］邱东主编．国民经济统计学［M］．大连：东北财经大学出版社，2001.

［12］陈开琦．我国自然资源立法保护研究［J］．生态环境，2008（3）：1302－1308.

［13］戴星翼，俞厚未，董梅．生态服务的价值实现［M］．北京：科学出

版社，2005.

［14］张帆．环境与自然资源经济学［M］．上海：上海人民出版社，1998.

［15］张白玲．环境核算体系研究［M］．北京：中国财政经济出版社，2003.

［16］［美］阿兰·兰德尔．从经济角度对自然资源和环境政策的探讨［M］．北京：商务印书馆，1989.

［17］李金昌．资源核算论［M］．北京：中国统计出版社，1996.

［18］钱伯海，杨缅昆，杨灿．国民经济统计学［M］．北京：中国统计出版社，2000.

［19］马志政．哲学价值论纲要［M］．杭州：杭州大学出版社，2000.

［20］赵秉栋．论自然资源的价值问题［J］．河南大学学报，1999，（6）：79－80.

［21］A. 迈里克·弗里曼著，曾贤刚译．环境与资源价值评估—理论与方法［M］．北京：中国人民大学出版社，2002.

［22］杨灿.SNA 框架内的 GDP 和 EDP 核算疑难问题辨析［J］．统计研究，2004，（7）：15－20.

［23］杨缅昆．关于 EDP 核算思路的若干质疑［J］．统计研究，2002，（3）：35－38.

［24］刘树等．关于 EDP 核算思路的若干思考［J］．统计研究，2002，（9）：45－49.

［25］宋旭光．关于 EDP 核算思路的若干补充［J］．统计研究，2003，（12）：46－50.

［26］杨灿．国民核算与分析通论［M］．北京：中国统计出版社，2005.

［27］杨灿，周国富．国民经济核算教程［M］．北京：中国统计出版社，2008.

［28］董承章．投入产出分析［M］．北京：中国财政经济出版社，2000.

［29］杨灿．可持续发展框架内的储蓄与财富核算问题［J］．统计研究，2001，（3）：31－37.

［30］王益烜，付盛麟．资源耗减及其对宏观经济总量调整的思考［J］．统计研究，2008，（8）：16－19.

［31］高庆华，苏桂武，张业成，刘惠敏．中国自然灾害与全球变化［M］．北京：气象出版社，2003.

［32］科技部，国家计委，国家经贸委，灾害综合研究组编著．灾害·社会·减灾·发展［M］．北京：气象出版社，2000.

［33］教宣．自然灾害有几种形式［J］．防灾博览，2000，（1）：17－18.

［34］石辉，彭珂珊．我国主要自然灾害的类型及特点分析［J］．河北师范大学学报，1999，（4）：561－567.

［35］钱乐祥．灾害系统分类初探［J］．自然灾害学报，1994，（7）：98－102.

［36］卜风贤．灾害分类体系研究［J］．灾害学，1996，（3）：6－10.

［37］马宗晋，杨华庭，高建国，姚清林．我国自然灾害的经济特征与社会发展［J］．科技导报，1994，（7）：61－64.

［38］张俊腌，彭珂珊．论自然灾害防御的理性措施［J］．宝鸡文理学院学报，1996，（6）：50－53.

［39］张梁．减轻地质灾害与可持续发展［J］．地质灾害与环境保护，1999，（12）：1－5.

［40］盛海洋．我国自然灾害特征及其减灾对策［J］．水土保持研究，2003，（12）：269－271.

［41］高庆华，刘慧敏，马宗晋．自然灾害综合研究的回顾与展望［J］．防灾减灾工程学报，2003，（3）：97－101.

［42］马宗晋．中国自然灾害和减灾对策（之五）［J］．防灾科技学院学报，2007，（12）：1－3.

［43］高文学，高庆华，马宗晋．减轻自然灾害将是21世纪亟待开拓的产业［J］．基建优化，1998，（19）：5－8.

［44］高庆华，马宗晋，李志强，刘惠敏．建立社会安全保护体系，保障社会可持续发展［J］．自然灾害学报，2002，（8）：10－14.

［45］马宗晋，高庆华，陈建英，高祥林．减灾事业的发展和综合减灾［J］．自然灾害学报，2007，（2）：1－6.

［46］郭跃．自然灾害的社会学分析［J］．灾害学，2008，（6）：87－91

［47］高敏雪．环境保护宏观核算理论与方法［M］．北京：中国统计出版社，2004.

[48] 马宗晋. 灾害学导论 [M]. 长沙：湖南人民出版社，1998.

[49] 李立国，陈伟兰. 灾害应急处置与综合减灾 [M]. 北京：北京大学出版社，2007.

[50] 张二勋，秦耀辰. 可持续发展思想史评述 [J]. 史学月刊，2003，(11)：109 - 116.

[51] [英] 马尔萨斯. 人口原理 [M]. 北京：商务印书馆，1992.

[52] [美] 蕾切尔·卡森. 寂静的春天 [M]. 上海：上海译文出版社，2008.

[53] [美] 丹尼斯·米都斯等著，李宝恒译. 增长的极限 [M]. 长春：吉林人民出版社，1997.

[54] 张坤民. 可持续发展从概念到行动 [J]. 世界环境，1996，(1)：3 - 6.

[55] 欧阳锋，周济. 可持续发展的内涵与思想渊源 [J]. 厦门大学学报，1998，(2)：106 - 112.

[56] 韩英. 可持续发展理论与测度方法 [M]. 北京：中国建筑工业出版社，2007.

[57] 刘培哲. 可持续发展—通向未来的新发展观 [J]. 中国人口·资源与环境，1994，(9)：13 - 18.

[58] 刘培哲. 可持续发展理论与中国 21 世纪议程 [M]. 北京：气象出版社，2001.

[59] 中国科学院可持续发展研究组. 中国可持续发展战略报告 [M]. 北京：科学出版社，2000.

[60] 李志青. 可持续发展的"强"与"弱" [J]. 中国人口·资源与环境，2003，(5)：4.

[61] 陈向义. 可持续发展中的可替代性问题分析 [J]. 福建论坛，2007，(9)：51 - 54.

[62] 宋旭光. 可持续发展核算的总量指标研究 [J]. 中国软科学，2003，(3)：36 - 39.

[63] 蒋萍. 也谈 GDP 的口径与算法 [J]. 统计研究，2008，(8)：20 - 24.

[64] 高敏雪，许健，周景博. 综合环境经济核算——基本理论与中国应用 [M]. 北京：经济科学出版社，2007.

[65] 孙陶生，王晋斌. 论可持续发展的经济学与生态学整合路径 [J].

经济经纬, 2001, (5): 13 - 15.

[66] 世界银行环境局, J. 杰克逊等著; 张坤明等译. 扩展衡量财富的手段——环境可持续发展的指标 [M]. 北京: 中国环境科学出版社, 1998.

[67] 黄小玉. 对可持续发展度量方式的比较 [J]. 统计与信息论坛, 2003, (1): 31 - 34.

[68] 高敏雪, 许健, 周景博. 资源环境统计 [M]. 北京: 中国统计出版社, 2004.

[69] 朱启贵. 可持续发展评估 [M]. 上海: 上海财经大学出版社, 1999.

[70] 邱东, 杨仲山. 当代国民经济统计学主流 [M]. 大连: 东北财经大学出版社, 2004.

[71] 国家环保总局, 清华大学可持续发展课题组. 中国城市环境可持续发展指标体系研究手册 [M]. 北京: 中国环境出版社, 1999.

[72] United Nations Department of Economic and Social Affairs Statistics Division. Integrated Environmental and Economic Accounting An Operational Manual: Megalopolis, [M]. New York, 1994.

[73] United Nations, European Commission, etc. Integrated Environmental and Economic Accounting 2003: final draft [M]. New York, 2003.

[74] Robert Smith. Development of the SEEA 2003 and its implementation [J]. Ecological Economics, 2007, 61: 592 - 599.

[75] Harrtwick J M. Investing Returns from Depleting Renewable Resource Stocks and Intergenerational Equity [J]. Economic Letters, 1978, (1).

[76] Perman R, Ma Yue, Me Gilvray J, Common M. Natural Resources and Environment Economics [M], 2nd edition. Pearson: Pearson Education Ltd, 1999.

[77] Serageldin, Steereds. Making Development Sustainable: From Concepts to Action. Environmentally Sustainable Development Occasional Paper No 2 [C]. Washington D C: World Bank, 1994.

[78] Peace D W. The Economic Value of Externalities from Electricity Sources [J]. Scandinavian Journal of Economics, 1993, 88 (1).

[79] Nico Vellinga, Cees Withagen. On the Concept of Green National Income [M]. London: Oxford University Press, 1996.

[80] Peter Bartelmus. Environmental Accounting and Statistics [J]. Natural Resources Forum, 1992: 77 - 84.

[81] Knut H. Alfsen, Mads Greaker. From Natural Resources and Environmental Accounting to Construction of Indicators for Sustainable Development [J]. Ecological Economics, 2007, 61: 600 - 610.

[82] Peter Bartelmus. SEEA - 2003: Accounting for Sustainable Development? [J]. Ecological Economics, 2007, 61: 613 - 616.

[83] Richard M. Auty. Natural Resources, Capital Accumulation and the Resource Curse [J]. Ecological Economics, 2007, 61: 627 - 634.

[84] Mathis Wackernagel, Onisto L, Bello P, Linares A C. et al. National Natural Capital Accounting with the Ecological Footprint Concept [J]. Ecological Economy, 1999, 29: 375 - 390.

[85] Harberl H. Erb Dari - Heinz, Kransmannf. How to Calculate and Interpret Ecological Footprints for Long Periods of Time: the Case of Austria 1926 ~ 1995 [J]. Ecological Economics, 2001, 38 (1): 30 - 36.

[86] P. W. Gerbens - Leenes, S. Nonhebel. Consumption Patterns and Their Effects on Land Required for Food [J]. Land Economics, 2002, 42: 188 - 192.

[87] Chen D J, Cheng G D, Xu Z M, Zhang Z Q. Ecological Footprint of the Chinese Population, Environment and Development [J]. Environmental Conservation, 2004, 31 (1).